GÜTERSLOHER
VERLAGSHAUS

KINDER GOTTES DIENST 2013

Mit Kindern Glauben feiern und verstehen

praktisch

Eine Arbeitshilfe zum Plan für den Kindergottesdienst

Herausgegeben von Urd Rust

unter Mitarbeit von Susanne Betz, Doris Dirwald, Karl-Heinz Dirwald, Kirsti Greier, Gudrun Luise Helm, Uwe Huchthausen, Beate-Michaela Jöst, Brigitte Messerschmidt, Gottfried Mohr, Adelheid Neserke, Anke Schäfer, Jutta Schitter, Dirk Schliephake und Christine Wolf

Gütersloher Verlagshaus

Bibliografische Information der Deutschen Nationalbibliothek
Die Deutsche Nationalbibliothek verzeichnet diese Publikation in der Deutschen Nationalbibliografie; detaillierte bibliografische Daten sind im Internet über https://portal.dnb.de abrufbar.

FSC
www.fsc.org
MIX
Papier aus verantwortungsvollen Quellen
FSC® C005833

Verlagsgruppe Random House FSC-DEU-0100
Das für dieses Buch verwendete FSC-zertifizierte Papier
Munken Premium Cream liefert Arctic Paper Munkedals AB, Schweden.

1. Auflage

Umschlagmotiv: © Michaela Steininger – Fotolia.com
Satz: Satz!zeichen, Landesbergen
Druck und Einband: Těšínská tiskárna, a.s., Český Těšín
Printed in Czech Republic
ISBN 978-3-579-05476-6

www.gtvh.de

Inhaltsübersicht 2013

Folgende Liederbücher finden im Rahmen der Kindergottesdienstarbeit immer wieder Verwendung. Auf sie wird innerhalb einzelner Beiträge hingewiesen:

KG	Andreas Ebert, Das Kindergesangbuch ..., München 1998
KiKiHits	Reinhard Horn u. a., Kinder-Kirchen-Hits, Lippstadt 2008
LJ	Liederbuch für die Jugend Geistliche Lieder für Schule und Kindergottesdienst, Stuttgart 1998
MKL I+II	Menschenskinderlieder Band 1 + 2, Zentrum Verkündigung, Frankfurt a. M.

Vorwort

Liebe Mitarbeitende in der Kirche mit Kinderm,

viel Lob gab es von den Nutzerinnen und Nutzern unserer Ausgabe von *Kindergottesdienst praktisch 2012*. Mit neuem Lay-out und neuen Symbolen hatten wir versucht, das Werk ansprechender, übersichtlicher und praktischer zu machen. An der Gestaltung und der Anwendung der Symbole werden wir nach diesen ersten Erfahrungen noch weiter arbeiten. Wir werden sie bei den liturgischen Stücken spärlicher einsetzen, während sie bei den kreativen Ideen noch differenzierter und genauer Orientierung geben sollen. Auf jeden Fall ist es sinnvoll, sich die Symbole und ihre Bedeutung auf Seite 112 genauer anzuschauen.
Seit nunmehr 20 Jahren wird *Kindergottesdienst praktisch* von vielen verschiedenen Autorinnen und Autoren erarbeitet. Dieses kleine »Jubiläum« soll Anlass sein, noch einmal zurückzublicken auf die Geschichte dieser Kindergottesdienst-Vorbereitungsreihe. Zunächst als »*Taschenbuch für Mitarbeitende im Kindergottesdienst*« von Wolfgang Longardt vor allem für die norddeutschen Landeskirchen erarbeitet, wurde das Projekt 1992 für eine größere Zielgruppe ausgeweitet. Seit 1992 heißt die Reihe nun *Kindergottesdienst praktisch*. Die Einteilung in drei Rubriken »theologisch«, »liturgisch«, »gestalterisch« bewährt sich seither. Der allgemeinen Entwicklung nicht nur in den Kindergottesdiensten folgend gewann seit etwa 15 Jahren auch bei *Kindergottesdienst praktisch* der liturgische Rahmen an Bedeutung. Damit die biblische Geschichte leichter auf den Alltag der Kinder bezogen werden kann, die Kinder die biblische Botschaft einfacher in ihr Leben integrieren können, führte man die außerbiblische Kurzgeschichte ein. Zunächst im kleinen Taschenformat (11,5 x 18,7 cm) wurde das Format dann auch kopierfreundlicher (DIN A5). *Kindergottesdienst praktisch* bietet Bausteine für einen kreativen Kindergottesdienst, die sowohl für wöchentliche als auch für Feiern in anderen Wochenrhythmen geeignet sind.

Es gibt immer wieder Anfragen, warum im Buch kein Erzählvorschlag für die biblische Geschichte vorgesehen ist. Das liegt daran, dass *Kindergottesdienst praktisch* ergänzendes Vorbereitungsmaterial zur Verfügung stellt. Ausführliche Erzählvorschläge bieten andere Vorbereitungsreihen. Der Schwerpunkt unserer Reihe liegt bei der Kreativität. Vereinzelt gibt es dann aber doch kreative Ideen zur biblischen Geschichte, vornehmlich zur Gestaltung und mit Erzählimpulsen. In dieser Ausgabe ist das zum Beispiel die Erzählung der Mosegeschichte »Gib uns Freiheit jeden Tag« (ab Seite 36). Adelheid Neserke hat die Geschichten in fortlaufenden Bodenbildern konzipiert und bietet Ideen und Formulierungshilfen zur Erzählung. Wie das Bild im jeweiligen Gottesdienst aussieht und wie die Geschichte dabei erzählt wird, ist dann der individuellen Ausgestaltung der einzelnen Teams oder gestaltend Erzählenden überlassen.
Ganz anders sieht es mit der anderen langen Erzählreihe aus dem ersten Testament aus. »Zelt des Himmels und der Erde – Unterwegs mit Abraham« lautet der Titel (ab Seite 53). Karl-Heinz Dirwald hat sich bei seinen liturgischen und kreativen Ideen vom Motiv »Zelt« vielfältig motivieren lassen.

Ein Symbol ist neu hinzugekommen, das für eine sehr kreative und einfühlsame Entfaltungsmethode steht: Theologisieren mit Kindern. Hier geht es nicht um ein Abfragen als Ergebniskontrolle: »Wie hießen jetzt noch mal die Söhne von Jakob?« Hier sollen kreativ Fragen gefunden werden, die die Kinder zum Gespräch miteinander anregen: Was gefällt dir in dieser Geschichte am besten? Oder: Welches ist der schönste Moment für dich? Oder: Was ist für dich das Wichtigste? Oder eine andere Frage der Art. Weitere Fragen können das Gespräch weiterführen: Hast du schon einmal so etwas Ähnliches erlebt? Oder auch: Könnten wir etwas weglassen und hätten immer noch die ganze Geschichte? Das sind aber nur Vorschläge. Jede und jeder kann für sich und die eigene Kindergruppe herausfinden, was die geeigneten Fragen sind. Beim theologisierenden Gespräch mit Kindern sind alle auf dem gleichen Frageniveau. Das entlastet auch, weil von niemandem »korrekte« Antworten erwartet werden. Man kann sich also bei diesem Symbol ( ) auf dieses spannende Experiment einlassen und wird mit der Zeit und der Übung sicher zum einen viel Freude daran finden und zum anderen auch für den eigenen Glauben Gewinn davon haben. Theologisierendes Gespräch ist eigentlich immer möglich. Aber beim Herstellen von Gebetskissen (ab Seite 21), beim Erarbeiten der Fürbittenkästen zu Passion und Ostern (ab Seite 29), beim Herstellen von »Gesetzestafeln« (Seite 45) und ganz sicher bei den Themen »Gottesbilder« (ab Seite 47) und »Jesus und die Kinder« (ab Seite 87) ist neben allen kreativen Ideen auch das theologisierende Gespräch mit den Kindern besonders wichtig. Es gelingt oft ungezwungener und wie nebenbei, wenn dabei gemalt oder gewerkelt wird.

Wer gerne bastelt, wird auch in dieser Ausgabe wieder eine Menge passender Vorschläge finden. Davids Harfe aus einer kleinen Kiste (von Gudrun Luise Helm, Seite 65), ein Spiegelfliesenbild, das den Maler oder die Malerin ganz besonders in Szene setzte (Uwe Huchthausen, Seite 73), ein Altartuch nicht nur für den Kindergottesdienst (Dirk Schliephake, Seite 79), Stabfiguren (Beate-Michaela Jöst, Seite 84), liturgische Tücher (Brigitte Messerschmidt, Seite 97) und die wahrhaft originelle Idee einer Weihnachtskugel »Auf dem Weg nach Bethlehem« von Anke Schäfer (ab Seite 105) werden das Herz jeder Bastlerin höher schlagen lassen.
Das ist nur eine kleine Aufzählung der kreativen Vielfalt, die die Autorinnen und Autoren in dieser Ausgabe bieten. Ich möchte mich herzlich bei allen bedanken, die andere an ihrer Kreativität teilhaben lassen. Mir hat es sehr viel Freude gemacht, das Konzept des Buches weiterzuentwickeln. Wir sind immer noch auf dem Weg, aber ein weiterer wichtiger Schritt ist gemacht!

Ich wünsche allen viel Freude beim Stöbern, beim Auswählen und beim Vorbereiten. Die Gottesdienste und Aktionen mit den Kindern seien gesegnet mit dem kreativen, fröhlichen und hoffnungsvollen Geist Gottes, der uns miteinander leben und feiern lässt!

Ihre
Urd Rust, Herausgeberin

Jesus: König – Prophet – Sohn Gottes

06.01.2013
(Epiphanias)
Jesus, der König
(Matthäus 2,1–12)

13.01.2013
(1. Sonntag nach Epiphanias)
Jesus, der Diener
(Johannes 13,1–15)

König und Diener? – Ist das kein Widerspruch? Könige haben Macht! Sie sind die *Bestimmer*! Wir verbinden mit *König* oder *Königin* Macht, Reichtum, Pracht und Stärke. Diener können nicht selbst bestimmen, müssen tun, was andere sagen. Andererseits handeln sie zum Wohl anderer Menschen. Wer ist Jesus für uns? König *oder* Diener, König *und* Diener oder dienender König oder königlicher Diener?

In der Geschichte bei Matthäus begegnen uns Macht und Ohnmacht. Der Herrscher, König Herodes, verfolgt ein neugeborenes Kind, weil er in ihm seine politische Macht bedroht sieht. Auch die Weisen sehen in diesem Baby den *König der Juden* (Matthäus 2,2). Wer und wie viele diese Weisen sind, wird in dieser Geschichte nicht erwähnt. Durch Psalm 72 und Jesaja 60 entstand die Vorstellung, dass es sich um drei Könige aus fernen Ländern handelt. Durch die Führung eines Sterns finden sie den neugeborenen König. Drei bedeutungsvolle Gaben bringen sie mit: Gold als Gabe für den ewigen König, Weihrauch als Gabe für den wahren Priester und Myrrhe als Gabe für den rechten Arzt!

Fußwaschung ist uns fremd. Im alten Orient gehörte die Fußwaschung zu den Aufgaben der Sklaven oder der Diener. Als Zeichen der Gastfreundschaft hatte die Fußwaschung eine besondere Bedeutung. Für einen Gast war es eine ganz besondere Wohltat, wenn nach einer Reise der Staub von den Füßen gewaschen und die wunden Stellen mit Öl eingerieben wurden. Erst wenn dies geschehen war, konnten die Gäste mit den anderen am Tisch Gemeinschaft haben.

Auch Jesus Christus möchte den Menschen Gutes tun, sie an seinen Tisch holen und in Gottes ewigen Frieden hineinnehmen. Damit ist er allen ganz nahe!

In dieser Reihe geht es um die Beschreibung, wer Jesus Christus eigentlich ist. In beiden Erzählungen begegnen Menschen Jesus Christus. Diese Begegnungen finden in der Stille statt. Es gibt keine Dialoge oder Gespräche. Es wird einfach das Geschehen beschrieben und die Nähe Gottes in Jesus Christus erfahren. So sollten auch in unseren Gottesdiensten stille Phasen eingebunden sein.

Zusammenkommen – sich Gott zuwenden

Psalmgebet nach Psalm 72

Psalm 72 weist auf die »Heiligen drei Könige« und den »König der Juden hin«. So beten wir zu Beginn eines jeden Gottesdienstes ein Psalmgebet.

Alle: Alle Völker sollen Gott dienen.
Gott gibt seine Gerechtigkeit dem Königssohn.
Eine/r: Solange Mond und Sonne am Himmel stehen,
wird man Gott mit Freude und Ehrfurcht dankbar sein.
Alle: Alle Völker sollen Gott dienen.
Gott gibt seine Gerechtigkeit dem Königssohn.
Eine/r: Von weit her kommen Könige,
sie senden ihre reichen Gaben und fallen vor ihm nieder.
Alle: Alle Völker sollen Gott dienen.
Gott gibt seine Gerechtigkeit dem Königssohn.
Eine/r: Denn er wird die Armen erretten,
weil ihre Tränen für ihn von großem Wert sind.
Alle: Alle Völker sollen Gott dienen.
Gott gibt seine Gerechtigkeit dem Königssohn.
Eine/r: Für immer sei sein Name gelobt,
denn alle Lande sind seiner Ehre voll.
Alle: Alle Völker sollen Gott dienen.
Gott gibt seine Gerechtigkeit dem Königssohn.

Sendung – Segen

Wir sprechen den Segen einander zu. Alle stehen im Kreis. Eine Mitarbeiterin oder ein Mitarbeiter legt beide Hände auf die ausgestreckten Hände des Kindes neben sich und spricht: ***Der Herr segne und behüte dich.***
Die Mitarbeiterin oder der Mitarbeiter dreht die Hände um, das Kind legt nun die Hände auf ihre/seine Hände und antwortet: ***Gottes Friede begleite dich.***
So wird weiter fortgefahren ... Zum Schluss reichen sich alle die Hände und singen: ***Segne uns, o Herr ...*** (LJ 418)

Kurzgeschichte

Zum Thema **Dienen** *kann die kleine Urlaubsgeschichte als Gesprächsimpuls genutzt werden.*

Nur Wasser ...

Sabine und Philipp waren mit Mama und Papa in den Ferien am Mittelmeer. Die Kinder freuten sich schon lange auf diese Zeit – wenn nur diese Wanderungen nicht wären! Sie wollten viel lieber schwimmen gehen.

Auch heute waren sie schon stundenlang gelaufen. Sie waren müde. Nirgendwo war ein Restaurant oder ein Eisladen zu sehen. Doch da entdeckten sie mitten in dieser Einöde ein Haus. Es war klein und ein wenig verfallen. Die Fensterläden waren geschlossen. Ein welker Feigenbaum stand neben der Haustür. Philipp lief zuerst zu dem Baum und setzte sich in den Schatten. Er wollte nicht mehr weiterlaufen. Er streikte! Papa kam auch und öffnete seinen Rucksack: »Na, Philipp, kann dich denn das aufheitern?« Papa zog Weintrauben heraus. Doch die Trauben sahen gar nicht gut aus. Sie waren grau und matt. Es war wohl Staub in den Rucksack gedrungen. Papa wischte sie einfach an seiner Hose ab und reichte sie den anderen.

Da öffnete jemand die Haustür. Eine alte Frau kam heraus. Sie hatte trotz der Hitze ein Kopftuch ins Gesicht gezogen. Sie nickte allen freundlich zu, sagte aber kein Wort. Dann zeigte sie auf die Trauben. Papa hielt ihr die Trauben entgegen und bot ihr welche an. Doch die alte Frau wollte nicht und deutete stattdessen an, dass die anderen auch nicht davon essen sollten. Dann verschwand sie wieder in dem kleinen Haus.

Was war geschehen? »Warst du etwa unhöflich?«, fragte Sabine. Doch bevor Papa antworten konnte, stand die Frau mit einem kleinen Eimer voll Wasser vor ihnen. Es war ein alter Blecheimer. Sie deutete auf die Trauben und gab zu verstehen, dass sie gewaschen werden müssten. Kühles, klares Wasser lief über die Trauben und auch über Papas Hände. »Oh, da werden meine Hände ja auch gleich sauber!«, meinte Papa lachend. Die Kinder streckten auch ihre Hände aus. Es war so erfrischend, das kühle Wasser! Als der Eimer leer war, nickte die Frau, nahm den Eimer und verschwand im Haus. Von den Trauben hatte sie auch keine gewollt. Die ganze Familie schaute ihr verwundert nach. Schließlich brachen sie wieder auf und wanderten zu ihrem Ferienhaus zurück.

Am Abend trafen sie sich mit der Familie ihres Vermieters. Die Kinder erzählten von der »so beschwerlichen Wanderung« und natürlich auch von der sonderbaren alten Frau. – »Sie hat es weit getragen!«, sagte Herr Papadopoulos. »Sie lebt ganz allein mit ihren Ziegen dort oben auf dem Berg. Dort gibt es kein fließendes Wasser. Der nächste Brunnen ist weit weg. Und die Ziegen wollen auch etwas zu saufen haben.«

Sabine und Philipp wurden ganz ruhig und nachdenklich. Sie erinnerten sich daran, wie selbstverständlich die alte Frau ihnen das Wasser gegeben hatte, ohne dass sie darum gebeten hatten. Auch, wie kühl und wohltuend das Wasser war ...

Doris Dirwald

Zum Sonntag Epiphanias: Zwei Tische

Zu Beginn des Gottesdienstes stehen zwei kleine Tische rechts und links vom Altar. Auf einem Tisch liegen eine Krone, Schoko-Goldtaler, Perlen u. Ä. Auf den anderen legt man einen Creme-Topf, ein Putztuch, Karten mit Segenssprüchen, Pflaster u. Ä. Die Kinder werden um die Tische verteilt.

Wie fühlen sie sich an ihrem Tisch?
Wer hat wohl seine Sachen auf diesem Tisch abgelegt?
Was ist wertvoller für andere Menschen?

Am Ende werden die Tische zusammenstellt und die Gegenstände gemischt.

Schachtel-Kino

Die beiden Geschichten werden als Bildergeschichte umgesetzt. Dazu wird der Papierstreifen beidseitig bemalt. Wenn diese Bildergeschichte gefaltet und in einer Schachtel befestigt wird, kann daraus ein »kleines Kino« werden: ein Schachtel- oder ein Hosentaschen-Kino!

Material:
- leere Streichholzschachteln
- lange Papierstreifen
- Bunt- oder Glanzpapier
- Buntstifte
- Schere
- Kleber

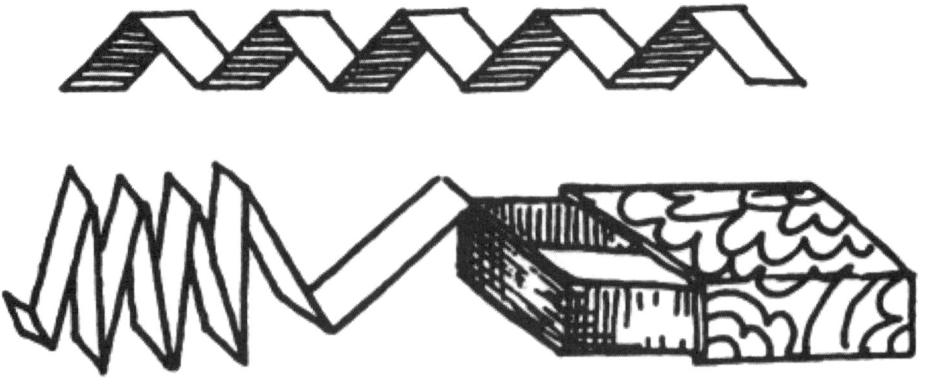

Zeichnung: Doris Dirwald

Zum 1. Sonntag nach Epiphanias: Ein guter Dienst

Durch die Geschichte von der Fußwaschung erfahren die Kinder, dass Jesus den Jüngern einen guten Dienst getan hat. Er hat ihnen gezeigt, wie man durch eine Wohltat einem Menschen seine Wertschätzung und Aufmerksamkeit zeigen kann. Auch wir erweisen einem anderen einen solchen Dienst. Wir benötigen dazu:

- weiche Handtücher
- Vaseline mit Lavendel- oder Citronella-Öl (in der Apotheke mischen lassen)

Wir kommen in kleinen Gruppen (4–6 Personen) zusammen. Einer nimmt die Hand eines anderen und reibt sie vorsichtig mit dem Handtuch ab. Dann wird mit zwei Fingern die Duftcreme auf den Handflächen verstrichen. Das Handtuch und die Duftcreme werden weitergereicht. So wird jeder/m etwas Gutes getan und jede/r erweist einer/m anderen so einen Dienst.

Unser Jahres-Segensband

Am Anfang des Jahres kann man auch auf eine ganz besondere Art den Segen weitergeben. Wir fertigen uns ein Segensband aus einem etwa 20 cm breiten und 1 m langen Stoffstreifen. Darauf malen wir Segenssymbole und schreiben die Jahreslosung in die Mitte. Die Jahreslosung für 2013 lautet: **Wir haben hier keine bleibende Stadt, sondern die zukünftige suchen wir.**

Foto: Urd Rust

Vielleicht fallen uns im Gespräch mit den Kindern noch andere Segenswünsche für das Jahr ein.
Im Schlusskreis nehmen wir nun das Band und legen es in der Runde jeweils dem rechts stehenden Menschen um die Schultern und sagen dazu:
»Gott lege seinen Segen auf dich wie ein schützendes Tuch. Gott segne dich mit …«
Je stiller und ruhiger dieses Ritual ausgeführt wird, umso intensiver ist es.

Foto: Urd Rust

Stichworte:
Diener, König, Macht, Ohnmacht, Wasser, Weise

Doris Dirwald

»Eines Tages kam einer ...«

20.01.2013
(Letzter Sonntag nach Epiphanias)
Jesus bricht auf
(Markus 1,9–13)

27.01.2013
(Septuagesimä)
Jesus lehrt
(Markus 1,14–15.21–28)

03.02.2013
(Sexagesimä)
Jesus heilt
(Markus 1,40–45)

10.02.2013
(Estomihi)
Jesus beruft
(Markus 2,13–17)

Eines Tages kam einer, der hat schon als Baby allen, die zu seiner Krippe kamen, Gottes Nähe geschenkt. Das ist von Weihnachten noch gut in Erinnerung. »Wer Jesus begegnet, begegnet Gott«, darum geht es auch Markus in seinem Evangelium. Nur, dass bei ihm die Taufe des erwachsenen Jesus das Schlüsselerlebnis ist. Der Text für den ersten Sonntag dieser Reihe steht wie eine Überschrift über den Anfängen, die hier zusammenkommen: dem Anfang des Wirkens Jesu, dem Anfang des neuen Jahres und auch dieser Reihe. Für alle Anfänge gilt: Jesus ist der, in dem Gott sich zeigt, er ist der Schlüssel zu seinem Vater. Mit Jesus kommt Gottes neues Leben mitten in den ganz normalen Alltag. Die Geschichten der folgenden Sonntage erzählen, wie Jesus den richtigen Schlüssel zum Leben anbietet. Es sind Geschichten, die Kinder stark machen. Sie machen fröhlich, weil Jesu Worte alles ins rechte Licht, ins Licht Gottes rücken. Sie wecken Hoffnung, weil mit Jesus einer da ist, der alles zum Guten wenden kann. Sie machen Mut, im Namen Jesu selbst etwas zu tun, weil Jesus so mitreißend ist. Wichtig bei Markus ist allerdings: Noch ist das alles nicht für jeden sichtbar. Nur wer glaubt, erkennt Jesus als die Schlüsselfigur, die er ist. Die Jesusgeschichten dieser Reihe bieten also eine Art verborgenen Schlüssel zu Gott. Wer diesen Schlüssel am Schlüsselbund hat, kann offen und fröhlich ins neue Jahr gehen. Der Schlüssel als Zeichen begleitet die ganze Reihe.

Liturgische Gestaltung

Zusammenkommen – sich Gott zuwenden

Das Eingangsgebet nach Jesaja 11,1–9 ist als Eingang für alle Sonntage der Reihe gedacht.

Alle: Eines Tages kam einer, der ist für uns zum Schlüssel geworden.
Eine/r: Gottes Geist ruht auf ihm:
Der Geist der Wahrheit und Einsicht,
der Geist des Beistands und der Stärke,
der Geist der Erkenntnis und der Ehrfurcht vor Gott.
Alle: Eines Tages kam einer, der ist für uns zum Schlüssel geworden.
Eine/r: Er richtet nicht nach dem, was seine Augen sehen,
und urteilt nicht nach dem, was seine Ohren hören,
sondern richtet die Armen gerecht
und entscheidet aufrichtig für die Hilflosen im Lande.
Alle: Eines Tages kam einer, der ist für uns zum Schlüssel geworden.
Eine/r: Er trägt Gerechtigkeit und Treue wie einen Gürtel um sich.
Da wohnen die Wölfe bei den Lämmern
und die Panther bei den Ziegenböckchen.
Da hütet ein kleiner Junge Kälber und junge Löwen miteinander
und ein Säugling spielt am Loch der Schlange.
Alle: Eines Tages kam einer, der ist für uns zum Schlüssel geworden.
Eine/r: Dann wird man nirgends mehr Böses tun
und kein Verbrechen begehen auf dem ganzen heiligen Berge,
denn das Land wird voll Erkenntnis Gottes sein.
So wie der Meeresboden voll Wasser. Amen.

Sendung – Segen

Zum Lied »Das wünsch ich sehr« (LJ 488) bilden die Kinder einen Kreis. Jeweils ein Kind geht in die Mitte, die anderen bilden mit ihren Händen ein Dach über dem Kind in der Mitte. Sie singen diesem Mädchen, diesem Jungen das Lied mit leicht abgewandeltem Text als Wunsch zu: Das wünsch ich sehr, dass immer einer bei **dir** wär, der lacht und spricht: Fürchte dich nicht.

Kurzgeschichte

Die Geschichte »Schlüssel zum Herzen« von Nina Harel eignet sich gut als Einstieg in das Thema »Schlüssel« in wörtlichem und übertragenem Sinn. Zum Ende der Reihe kann auf die Geschichte mit den neuen Erfahrungen zurückgesehen werden.

Jonathans Papa hat einen Schlüsselbund. Die Schlüssel hängen an einem Ring. Und an dem Ring hängt auch ein Foto von Jonathan. Jonathan spielt gerne mit dem Schlüssel-

bund. »Papa, warum hast du so viele Schlüssel?«, fragt er immer wieder. »Weil ich viele Türen aufmachen muss«, sagt Papa. »Was für Türen?«, fragt Jonathan weiter. Papa nimmt den Schlüssel und antwortet: »Dieser Schlüssel öffnet die Wohnungstür, der da ist für das Auto, dieser öffnet den Schuppen und der da mein Zimmer bei der Arbeit, das ist der Schlüssel zu Omas Wohnung.« Am Schluss sagt er: »Und das Foto ist wichtiger als alle Schlüssel.« Das hört Jonathan am liebsten.
Eines Tages holt Papa Jonathan vom Kindergarten ab. »Gehen wir nach Hause?«, fragt er. »Noch nicht«, sagt Jonathan. »Erst spielen wir noch ein bisschen. Gut?« Papa ist einverstanden. Sie spielen im Hof, bis sie müde sind und nach Hause gehen. (...) Papa drückt auf die Klingel, Jonathan klopft an die Tür. Aber niemand macht auf. »Mama ist nicht zu Hause«, sagt Papa. »Nimm bitte die Schlüssel heraus.« Jonathan schiebt seine Hand in Papas Tasche, aber er findet die Schlüssel nicht. Papa wühlt in der Tasche, aber auch er findet sie nicht. Die Schlüssel sind verloren gegangen. Sie können nicht in die Wohnung. Was sollen sie tun? »Vielleicht hast du sie bei der Arbeit vergessen«, sagt Jonathan. »Nein, das kann nicht sein«, sagt Papa. »Als ich gegangen bin, habe ich das Büro mit dem Schlüssel abgeschlossen.« (...) »Dann suchen wir die Schlüssel überall, wo du danach warst«, sagt Jonathan. »Los«, sagt Papa, und sie machen sich auf den Weg. Sie suchen überall. Bei der Post, beim Friseur, in der Pizzeria und am Kiosk, aber keiner hat den Schlüssel gefunden.
»Da kann man nichts machen«, sagt Papa. »Komm, wir gehen nach Hause. Und wenn Mama noch nicht da ist, warten wir eben draußen auf sie.« Aber Mama ist zu Hause, was für ein Glück! »Es ist schon sehr spät«, sagt Mama, als sie ins Zimmer kommen. »Ist etwas passiert?« (...)
»Papas Schlüssel sind verschwunden und wir haben sie überall da gesucht, wo er heute war«, sagt Jonathan. »Meinst du etwa diese Schlüssel?«, fragt Mama und zeigt, was sie hinter dem Rücken versteckt hält. »Wo hast du sie gefunden?, fragen Papa und Jonathan gleichzeitig. »Ruthi, die Kindergärtnerin, hat sie im Hof gefunden und hierher gebracht«, sagt Mama und lacht. »Woher hat sie gewusst, dass es unsere Schlüssel sind?«, fragt Jonathan. »Nach dem Foto, natürlich«, sagt Papa. »Ich habe dir ja gesagt, das Foto ist wichtiger als alle Schlüssel.« Und dann nimmt Jonathan den Schlüsselbund und fängt an zu spielen. Dieser Schlüssel öffnet die Wohnungstür, der da ist für das Auto, und der da für das Zimmer bei der Arbeit, das ist der Schlüssel zu Omas Wohnung und der da ist für den Schuppen. »Und was schließt das Bild mit meinem Foto auf?«, fragt Jonathan. »Was dein Foto aufschließt?«, Papa lacht.
»Dein Foto schließt mein Herz auf.«

Nach: Nina Harel: Schlüssel zum Herzen.
Aus dem Hebräischen von Mirjam Pressler, München 2004.

Zum letzten Sonntag nach Epiphanias

Gesprächsrunde

»Dein Foto schließt mein Herz auf« – das Ende der Geschichte ist ein guter Gesprächsanfang: Was öffnet sich in der Geschichte für Jesus? Was erschließt sich den Menschen durch Jesus? Es ist spannend, gemeinsam mit den Kindern Antworten zu suchen.

Anregend könnte auch eine Fantasiereise sein. Das Beispiel unter dem Aspekt Licht/Lichtstrahlen soll als Anregung dienen.

Die Hinführung endet in einem imaginären Zimmer. Ich sehe eine riesengroße Leinwand und einen Filmprojektor. Ich setze mich in den bequemen Sessel, der dort steht, und befehle in Gedanken: »Film ab!« Es ist ein Film über Jesus. (Einige Sekunden Stille) Ich sehe, wie Jesus überall, wo er hinkommt, unter einem Lichtstrahl steht, wie unter einem Wasserfall aus Licht. Er geht oft in die Einsamkeit, um zu beten (...), manchmal die ganze Nacht. Wenn ich Jesus so zuschaue, wie er betet, merke ich, dass das Licht ihn ganz sanft einhüllt und trägt. (...) Und Jesus ruht sich in diesem Licht aus. Wenn Jesus dann aufsteht, wirkt er sehr erfrischt und neu gestärkt. Und sein Licht strahlt heller als zuvor.
(Einige Sekunden Stille) Dann behält Jesus dieses Licht aber nicht etwa für sich. Nein, er geht immer sofort zu den Menschen und teilt es aus. Zuerst immer seinen Jüngern, seinen Freunden, denen, die immer um ihn herum sind. Dann allen Menschen, die es wollen. (Einige Sekunden Stille) Ich sehe in dem Film, dass Jesus immer nur dieses Licht, diese Liebe austeilen will. Und dass er die Menschen in Verbindung setzen will mit Gott, »seinem Vater«, wie er immer sagt. Alle, die sich so mit Licht und Liebe beschenken lassen, sind dann selbst so erfüllt davon, dass auch sie weiterschenken. Und dieses liebevolle Licht, das von Jesus ausgeht, fließt wie ein Strom unter all den Menschen, die seine Freunde sind. Es werden immer mehr. Sie bilden eine neue Gemeinschaft, die etwas gemeinsam hat: diesen Lichtstrom von Gott, an den alle angeschlossen sind. Sie bilden so etwas wie ein grandioses Netz aus Licht. (Einige Sekunden Stille)

Der Film ist zu Ende und wir schalten das Gerät ab. Dann verlassen wir das Zimmer. (Beenden der Fantasiereise)

Aus: Petra Zengaffinen: Das Haus der Stille, Düsseldorf 1998, S. 141f.

Schlüsselanhänger basteln

Kleine Bilder zum Thema »Jesus als Schlüssel zu Gott« gestalten. Anschließend die Zeichnung ausschneiden, auf farbiges

Zeichnung: Urd Rust

Tonpapier kleben und laminieren. Zurechtschneiden, eine kleine Öse einstanzen und einen Schlüsselring (Baumarkt) anbringen.

Zu Septuagesimä

Jesu Worte machen Gottes Reich mit viel Kraft lebendig. An diesem Sonntag geht es um Lebensworte, gute Worte, die Herzen aufschließen.

Spiele

- Stille Post mit Komplimenten
- Ratespiel (vgl. »Activity«) mit den Komplimenten aus dem ersten Spiel und Begriffen aus dem Eingangstext aus Jesaja.

Die Begriffe auf Kärtchen schreiben, unten jeweils notieren, ob der Begriff erklärt, gezeichnet oder pantomimisch dargestellt werden soll. Es wird in zwei Gruppen gespielt. Jedes Team hat einen Schiedsrichter, der das Einhalten der Zeitvorgabe und der Regeln durch die andere Gruppe überwacht. Ein/e Mitspieler/in der ersten Gruppe zieht eine Karte und erklärt den Begriff. Dafür gibt es eine Minute Zeit. Hat das Team in der vorgegebenen Zeit den Begriff erraten, gibt es einen Punkt. Dann ist die andere Gruppe dran. Das geht so lange, bis alle Kärtchen geraten wurden. In jeder Runde wechseln die Erklärenden in der Gruppe, so dass jede/r zum Zug kommt.

Erklären: Der Begriff auf der Spielkarte muss erklärt werden, ohne die Worte oder Wörter aus dem Wortstamm des Begriffes zu verwenden.
Zeichnen: Der Begriff darf nur durch Zeichnen dargestellt werden. Selbstverständlich dürfen keine Wörter geschrieben werden.
Pantomime: Das Wort muss komplett ohne Sprache oder Geräusche erklärt werden.

Lebensworte sammeln

Auf einem großen gezeichneten Schlüssel (z. B. vergrößerte Kopiervorlage vom letzten Sonntag) aus Tonkarton die gesammelten Worte und Sätze zusammentragen. In Ergänzung zum Lied »Das wünsch ich sehr« (s. o.) wird zum Segen jedem Kind eins der gesammelten Worte zugesagt. Es darf reihum immer eine/r aussuchen.

Zu Sexagesimä

Ich mach dich gesund – Jesus macht heil, in seiner Nähe ist es schon jetzt wie einst bei Gott überall.

Ein »heilsames Buffet«

In der Mitte oder auch auf einem Extratisch oder an einzelnen Stationen werden heilsame Dinge aufgebaut. Das können zum Beispiel sein: eine Schale mit Obst, eine Kanne Kräutertee, ein Buch zum Vorlesen, eine weiche Decke, eine gut riechende Creme oder

ein Salböl, der Schlüssel mit den guten Worten vom letzten Sonntag, ein Kuscheltier, ein CD Player mit Musik, eine Wärmflasche ...
Anhand der Dinge gemeinsam darüber nachdenken, was gesund (und was krank) macht. Dann gibt es Zeit zum Probieren, zu zweit oder zu dritt oder auch allein. Manches, z. B. die Creme/das Salböl können auch Mitarbeitende anbieten. Vielleicht haben die Kinder auch noch eigene Ideen und Erfahrungen, von denen sie erzählen möchten oder die sich ausprobieren lassen.

Zu Estomihi

Die Gemeinschaft mit Jesus gibt Kraft für ein Leben in Gottes Sinn. Die selbstgemachten Powerkugeln geben Energie und lassen sich verschenken, um andere mit der Kraft anzustecken.

Rezept für Power-Kugeln

(Achtung bei Allergikern)

Zutaten pro Kind:
3 Esslöffel Haferflocken,
2 TL Nuss-Nougat-Creme, 1 Esslöffel Kokosflocken

Haferflocken in einem Topf ohne Fett rösten. Nuss-Nougat-Creme mit den abgekühlten Haferflocken verrühren. Aus der Masse mit zwei Teelöffeln kleine Bälle formen. (Geht auch mit den Fingern) Die Kokosflocken auf einen Teller streuen und die Haferflockenbälle darin wälzen und kaltstellen. Schön sehen die Kugeln in kleinen Pralinenförmchen aus. Die Power-Kugeln sollten auf jeden Fall gemeinsam probiert werden, sie lassen sich aber auch gut verschenken.

Aktion

Die selbstgemachten Power-Kugeln einzeln in kleine Cellophantütchen packen, mit Tonpapierschlüssel als Anhänger versehen und als Gesprächsanlass nutzen: »Wofür brauchten Sie dringend mehr Energie?« »Was schieben Sie vor sich her, obwohl es sinnvoll wäre zu tun, für sich oder für andere?« Eigene Fragen überlegen und diejenigen, die antworten, z. B. die Erwachsenen im Gottesdienst oder die abholenden Eltern mit den Power-Kugeln beschenken.

Stichworte:
Gott, Jesus, Schlüssel, Nachfolge, Heilung, Kraft

Kirsti Greier

Wie wir mit Gott reden können: Klagen – Bitten – Danken

17.02.2013
(Invokavit)
Klagen
(Psalm 13; 88)

24.02.2013
(Reminiszere)
Bitten
(Psalm 27)

03.03.2013
(Okuli)
Danken
(Psalm 136 i.A.; 138)

Für jede Beziehung ist es wichtig, dass man sich verständigen kann, dass miteinander geredet wird. Das gilt auch für unsere Beziehung zu Gott. Aber wie reden wir mit Gott? Wie können wir gemeinsam mit den Kindern Orte, Zeiten und Worte finden für unser Gespräch mit Gott?

In den ersten Wochen der Passionszeit können uns die ausgewählten Psalmen dabei helfen. Mit den Worten der Bibel hören die Kinder Klagen, Bitten und Dank, die klassischen Formen des Gebets. Zu jeder dieser Gebetsform werden Kissen hergestellt, die beim gemeinsamen Gebet (auch in Zukunft) eingesetzt werden können. Sie helfen dabei, sich über Gefühle und Gedanken klar zu werden und eigene Worte zu finden.

Das kann nur gelingen, wenn wir unsere Kinder aufmerksam im Blick haben und ihnen ausreichend Zeit geben, zu *ihrem* Gebet zu finden.

Die Kissen können auch als Seelsorgekissen ihre Aufgabe bekommen. Vielleicht tröstet es ein trauriges Kind, wenn es eine Zeit lang das Klagekissen fest an sich halten kann – vielleicht kann ein anderes Kind seine dankbare Freude den anderen ohne viel Worte darstellen, wenn es mal einen Gottesdienst lang auf dem Danke-Kissen sitzt ...

Liturgische Gestaltung

Zusammenkommen – sich Gott zuwenden

Votum

Wir feiern Gottesdienst im Namen Gottes, mit dem wir reden können,
Im Namen Jesu, der uns beten gelehrt hat,
und im Namen des Heiligen Geistes, der uns die rechten Worte zum Gebet schenkt.
Amen.

Hören – Antworten

In einem ersten Schritt hören wir die Psalmworte – vielleicht mehrmals langsam vorgelesen. Was blieb besonders in Erinnerung? Was hat betroffen gemacht oder beeindruckt? Was verstehen wir nicht? Was wollen wir noch fragen?
Wichtige Sätze werden festgehalten, vielleicht auch in den Worten der Kinder. Kann man zu den Worten und Sätzen oder an ihrer Stelle auch Motive malen? Welche Farben wählen wir?
Gemeinsam kann nun das Kissen gestaltet werden (s. u. »Kreative Ideen«).
In einer abschließenden Runde lassen wir das fertige Kissen im Kreis herumgehen, nehmen uns viel Zeit zum Fühlen, Tasten, Gedanken erspüren und finden vielleicht schon erste Worte. Was wollen *wir* Gott sagen?

Feiern – Teilen

Wenn das Kissen wieder in unserer Mitte liegt, wird in der Runde passend zum jeweiligen Thema symbolisch geteilt:

- **Klage-Erfrischungswasser**, denn Tränen machen Durst
- **Bitte-Stärkungsbrot**, denn ausdauernde Fürbitte kostet Kraft
- **Danke-Freu-dich-Kuchen**, denn Danken ist ein Grund zum Feiern

Sendung – Segen

Schlussgebet mit Kissen

Das Schlussgebet wird mit allen bisher fertigen Kissen gestaltet (jeden Sonntag eins mehr). Je nach Größe der Gruppe, Alter der Kinder und zur Verfügung stehender Zeit können die Kissen einzeln herumgegeben und kann zu stillem oder lautem Gebet eingeladen werden. Dazu wird jeweils der passende Liedruf angestimmt: Oder man legt alle Kissen in die Mitte und lädt die Kinder ein, sich das Kissen zu nehmen, das für das jeweilige Anliegen gebraucht wird. Ob das Anliegen ausgesprochen wird oder nicht, das Kind signalisiert, wenn es das Kissen zurücklegt, dass der passende Liedruf gesungen werden kann. So bringen wir das Gebet zum Klingen und es wird dort ankommen, wo es Gehör findet.

Liedrufe

Liedruf: Jutta Schitter

Kurzgeschichte

*Die Geschichte kann zu Beginn der Einheit die Kinder in ihrem Alltag abholen und zum Thema **Beten** führen.*

Den ganzen Nachmittag war Luka mit seinem Opa draußen im Wald gewesen. Sie waren mit dem alten Kombi los gefahren und haben Reisig für die Erbsen in Opas Garten geschnitten. Kalt war's! Opa sagt: »Ende Februar ist genau die richtige Zeit dafür! Wir suchen im Wald nach frisch gefällten Buchen und schneiden davon die kleinen Zweige ab. Die brauche ich dann im Frühjahr, wenn die Erbsenschösslinge herauskommen, damit sie etwas haben, an dem sie sich halten können, wenn sie wachsen. Und weil heute die Sonne scheint, sollten wir das gute Wetter nutzen. Du kommst doch mit, oder?« »Klar, Opa. Aber kann ich dir denn auch helfen?« Opa nickt: »Und *wie* du helfen kannst! Jede Hand zählt.«
Opa hat mit Luka einen fleißigen Helfer bekommen. Sie haben jede Menge Reiser abgehackt, ins Auto geladen und nun haben sie alles nach Hause gefahren und auch wieder ausgeladen.
»Da sind ja meine Waldarbeiter! Das Essen ist fertig!«, ruft Oma aus dem Haus. »Ach, wie schön«, Luka spürt sofort, dass er einen riesigen Hunger hat. Es ist ja schon spät am Nachmittag. In der Küche duftet es ganz wunderbar. Es gibt Kartoffelpüree, Bratwurst und Erbsen – sein Lieblingsessen! »Darf ich würfeln?« Luka schaut auf eines der kurzen Gebete auf dem Gebetswürfel. Es riecht einfach zu verlockend. »Alle guten Gaben, alles was wir haben, kommt, oh Gott, von Dir. Wir danken Dir dafür. Amen.«
Luka war schon oft bei Oma und Opa in Ferien gewesen, aber diesmal war er ganz alleine da, ohne seine Schwester Hannah und auch ohne seine Eltern. Die mussten arbeiten und Hannah war auf der Konfirmandenfreizeit. Luka war sofort begeistert, dass er zu Oma und Opa darf auch ohne Hannah. »Das ist eigentlich ganz praktisch«, denkt Luka, als er seinen Schokoladenpudding mit Sahne löffelt. Dann kriegt er nämlich auch noch ihre Portion. Luka nimmt sich gleich ein zweites Mal. Opa grinst ihn an und

macht's genauso. »Wir haben ja auch echt viel geschafft, Luka. Toll, dass du dabei warst. Du warst mir eine große Hilfe.«
Draußen ist es inzwischen dunkel geworden und Luka gähnt. »Luka, ab mit dir in die Badewanne und dann nichts wie ins Bett!« Und Luka ist wirklich müde!
Wie immer schläft Luka im früheren Zimmer seines Papas, in dessen altem Bett. Überall hängen noch die Autoposter aus der Zeit, als Papa jung war. Irgendetwas Interessantes gibt es hier immer zu entdecken. Sein Blick fällt auf das leere Bett auf der anderen Seite des Zimmers. Etwas merkwürdig ist es schon, so ohne Hannah hier zu sein. »Eigentlich wäre es mir jetzt doch lieber, sie wäre hier«. Luka muss kurz schlucken.
Gerade in diesem Moment kommt Oma herein. »Ach ja, abends setzt sich Oma immer zu uns und dann beten wir noch«, fällt Luka ein. Sie setzt sich zu ihm auf die Bettkante und Luka setzt sich noch einmal hin. »Oma, darf ich dich mal was fragen? Betest du eigentlich *immer* abends?« »Meistens schon! Wenn ich im Bett liege und an alles denke, was so am Tag geschehen ist und wenn ich an den nächsten Tag denke, dann bete ich auch.« »Und betest du immer das Gleiche?« Eigentlich weiß er darauf die Antwort, denn mit ihnen betet Oma immer ganz unterschiedlich: Manchmal ist es ein altes Gebet, das sie von ihrer Oma gelernt hat, und manchmal hört es sich so an, als ob sie einfach so mit Gott spricht.
»Weißt du Luka, jeder Mensch betet anders. Für mich ist Beten, wenn ich ganz offen von mir erzählen darf. Manchmal will ich mich lieber bedanken und manchmal will ich lieber etwas, was mich bedrückt, loswerden. Was ich Gott erzähle, braucht auch gar nicht jeder zu wissen. Aber was ich heute bete, kann ich auch laut sagen«, meint sie und schaut Luka liebevoll an.
»Gott!« beginnt Oma und schaut auf ihre gefalteten Hände auf ihrem Schoß. »Ich danke dir, dass es Luka so gut geschmeckt hat. Darüber habe ich mich gefreut! Ich sehe es gerne, wenn jemandem schmeckt, was ich gekocht habe!« Sie wartet einen Moment und fährt dann fort. »Lieber Gott, pass gut auf unsere Familie auf. Schau nach uns und sei für uns da. Amen.«
Als Oma »Familie« sagt, muss Luka an Mama und Papa und sogar an Hannah denken. Irgendwie fehlt sie ihm jetzt doch. Auch wenn sie ihn manchmal nervt, jetzt hätte er so gerne ihre Stimme gehört. »Lieber Gott!«, geht es Luka durch den Kopf, »Ich freue mich, wenn ich morgen Abend wieder abgeholt werde. Und ich glaube, ich habe ein bisschen Heimweh.«
»Weißt du, Luka«, Oma streicht ihm über die Haare. »Beten hat mir mein ganzes Leben lang Halt gegeben«. »*Halt geben* das hab ich heute schon mal gehört«, sagt Luka nachdenklich und da fällt es ihm auch wieder ein: im Wald, als Opa von den Erbsenreisern erzählt hat. »Auch die Erbsen brauchen etwas, an dem sie sich festhalten können. Hat Opa gesagt!« Oma lacht: »Das ist aber ein schöner Gedanke, Luka. Das muss ich mir merken: Beten ist wie Erbsenreiser. Beides gibt Halt.«
Sie fährt Luka über den Kopf und meint: »Schlaf gut. Bis morgen früh. Frühstücksei?« »Gerne!«, strahlt Luka. Er freut sich auf morgen und kuschelt sich tief in die weiche Bettdecke.

Jutta Schitter

Gebetskissen

Im Laufe der Reihe werden drei Arten von Gebetskissen hergestellt. Dazu braucht man für jedes Kissen:

- Papier oder Pappe zum Fertigen einer Schablone
- ausreichend weißen Stoff (Betttuch o. Ä.)
- Nähmaschine
- Stoffmalstifte
- ausreichend Füllwatte

Zunächst wird aus Pappe oder Papier eine Schablone in gewünschter Form und Größe gefertigt, nach der dann drei Kissen zugeschnitten werden. Wir haben runde Kissen mit etwa 60 cm Durchmesser gewählt. Die Kissen werden dann bis auf eine Öffnung von 10 cm zusammengenäht und gewendet. Bevor ein Kissen bemalt und beschrieben wird, sollte man die Schablone hinein legen, damit sich die Farbe nicht durchdrückt. Wenn die Bezüge gewaschen werden sollen, dann muss nach dem Malen noch sehr heiß gebügelt werden. Nach dem Bemalen kann gleich befüllt werden (nicht zu fest und nicht zu sparsam). Provisorisch verschließen wir die Kissen zunächst mit einer Sicherheitsnadel und nähen sie bis zum nächsten Gottesdienst zu.

Gestaltung der Kissen

Klage-Kissen: In eher gedeckten Farben wie grün, braun, schwarz, violett schreiben und malen die Kinder, welche Aussagen sie in den beiden Psalmen 13 und 88 besonders beeindruckt haben und ihnen in Erinnerung geblieben sind. Dabei können sie die eigene Sprache verwenden und eigene Motive malen. Mit einem hellen Farbstift kann der Vertrauensvers (Psalm 13,6) wie eine bergende Umrandung um den Kissenrand geschrieben werden.

Bitte-Kissen: Entsprechend der Einteilung des 27. Psalms wird das Kissen in drei Teile unterteilt. In ein Drittel werden die Bilder gemalt, die Vertrauen auf Gott darstellen (Licht und Burg), und entsprechende Psalmverse dazu geschrieben. Wir verwenden viele bunte Farben. Im nächsten Drittel malen und schreiben die Kinder die Bitten des Psalmbeters. Der letzte Teil enthält die Zusage: Vertraue auf Gott ... Eigene Bitten der Kinder können als Umrandung an den Kissenrand gemalt und geschrieben werden.

Danke-Kissen: Als Zeichen der Liebe Gottes wird ein großes Herz in die Mitte gemalt und mit Dank gefüllt. In fröhlichen und bunten Farben werden die Grundaussagen von Psalm 136 an den Rand des Herzens geschrieben. Wir haben ein Kind gemalt, das Danke sagt und viele Luftballons in der Hand hält. In jedem Luftballon steht, wofür ein Kind Gott dankbar ist.

Wenn es nicht möglich ist, die Kissen gemeinsam mit den Kindern herzustellen, können auch fertige Kissenbezüge verwendet werden, deren Farben und Muster zu den drei Gebetsanliegen passen.

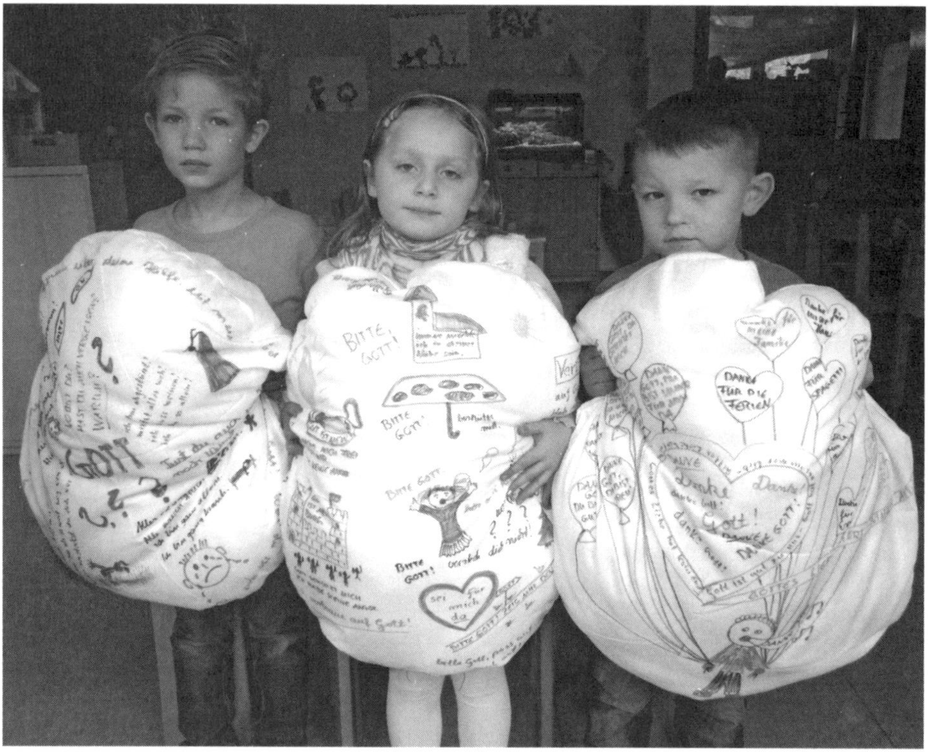

Foto: Urd Rust

Stichworte:
Beten, Psalmen, Dank, Klage, Bitte, Gebetskissen

Urd Rust/Jutta Schitter

Herausgefordert! – Passion und Ostern bei Markus

10.03.2013
(Lätare)
Vor den Kopf gestoßen! – Petrusbekenntnis
(Markus 8,27–33)

17.03.2013
(Judika)
Hinausgeworfen! Tempelreinigung
Markus 11,15–19)

24.03.2013
(Palmarum)
Zurechtgewiesen! Salbung in Betanien
(Markus 14,3–9)

29.03.2013
(Karfreitag)
Verurteilt und gestorben! Jesus am Kreuz
(Markus 15,1–5.6–41 i. A.)

31.03./01.04.2013
(Ostern)
Zittern und Entsetzen! Frauen am Grab
(Markus 16,1–10)

Die Passionsgeschichten der Bibel stellen die dunklen Seiten des menschlichen Lebens in den Mittelpunkt. Zum Menschenleben gehört die Begegnung mit Leiden, Bosheit, Gewalt, Sterben, Tod, Verzweiflung, Zweifel unvermeidbar dazu. Ein Leben nur in Freude, Fröhlichkeit und Sonnenschein gibt es nicht. Auch krampfhafte Versuche, Kinder von den dunklen Seiten des Lebens fernzuhalten, werden der Lebenswirklichkeit nicht gerecht. Deshalb ist es gut, wenn uns im Kindergottesdienst die Leidensgeschichte zur Auseinandersetzung mit diesen Fragen zwingt. Hier soll ein Ort sein, an dem auch ernste Themen und Fragen mit Tiefgang vorkommen.
Der rote Faden für die Gestaltungsvorschläge dieser Reihe ist die typisch menschliche Reaktion auf die Schattenseiten des Lebens: Muss das sein?
Passend zu den fünf Geschichten werden folgende fünf Fragen gestellt:

Muss Leiden sein? – Muss Gewalt sein? – Muss Verschwendung sein?
Muss Sterben sein? – Muss Zweifel sein?

Auch die Ostergeschichte im Markusevangelium ist keine reine Geschichte der Freuden. Markus schreibt: »Und sie gingen hinaus und flohen von dem Grab, denn *Zittern* und *Entsetzen* hatte sie ergriffen. Und sie sagten niemandem etwas, denn sie fürchteten sich.« Die Osterbotschaft sagt, dass Gott der Sieger auch über Leid, Verzweiflung und Tod ist. Und doch üben in unserer Welt die dunklen Seiten und dunklen Kräfte ihre Macht aus. Die Osterbotschaft versetzt uns in ungeheure Spannung, weil sie eine übergroße Hoffnung in unser Leben bringt.
Die Kindergottesdienstreihe reicht vom Sonntag Lätare über Karfreitag bis Ostern. Wenn Kindergottesdienste in den Ferien nicht gehalten werden, fallen Karfreitag und Ostern aus. Diese Reihe sollte möglichst nicht verkürzt werden, weshalb vor Ort passende Lösungen gefunden werden müssen.

Zusammenkommen – sich Gott zuwenden

Votum

Wir feiern diesen Gottesdienst im Namen Gottes, des Vaters und des Sohnes und des Heiligen Geistes. Wir denken in der Passionszeit daran, dass Jesus den Weg durch Leiden und Sterben zu Gott gegangen ist. Er geht den Weg, den wir alle auch gehen müssen. Er geht ihn, weil er in allen Lebenslagen bei uns sein will.
Wir singen (Text: Epheser 2,14):

Kanon für vier Stimmen: Harald Beck, © beim Autor (LJ 481)

Psalmgebet nach Psalm 22

Wir beten mit Worten aus der Bibel. Jesus hat in der Stunde seines Leidens und Sterbens diese Worte gebetet. Der Kehrvers wird von allen Kindern gemeinsam gesprochen. Die Texte dazwischen werden von großen Kindern oder von Mitarbeiterinnen oder Mitarbeitern vorgelesen.

Alle: Mein Gott, mein Gott, warum hast Du mich verlassen?
Ich schreie, aber meine Hilfe ist ferne.
Eine/r: Ich aber bin ein Wurm und kein Mensch,
ein Spott der Leute und verachtet vom Volke.
Alle, die mich sehen, verspotten mich,
sperren das Maul auf und schütteln den Kopf:
Sei nicht ferne von mir, denn Angst ist nahe;
denn es ist hier kein Helfer.
Alle: Mein Gott, mein Gott, warum hast Du mich verlassen?
Ich schreie, aber meine Hilfe ist ferne.
Eine/r: Ich bin ausgeschüttet wie Wasser,

alle meine Knochen haben sich voneinander gelöst;
mein Herz ist in meinem Leibe wie zerschmolzenes Wachs.
Meine Kräfte sind vertrocknet wie eine Scherbe,
und meine Zunge klebt mir am Gaumen,
und Du legst mich in des Todes Staub.

Alle: Mein Gott, mein Gott, warum hast Du mich verlassen?
Ich schreie, aber meine Hilfe ist ferne.

Eine/r: Ich kann alle meine Knochen zählen;
sie aber schauen zu und sehen auf mich herab.
Sie teilen meine Kleider unter sich
und werfen das Los um mein Gewand.

Alle: Mein Gott, mein Gott, warum hast Du mich verlassen?
Ich schreie, aber meine Hilfe ist ferne.

Eine/r: Aber Du, HERR, sei nicht ferne;
meine Stärke, eile, mir zu helfen!

Hören – antworten

Fürbittengebete mit kreativer Gestaltung

Laetare

In der Mitte des Stuhlkreises liegt der erste Bilderrahmen des Bodenbildes (Beschreibung unter »Kreative Ideen«). In einem Korb liegen Dornenzweige. Die Mitarbeiterin/der Mitarbeiter leitet ein: »Die Dornenzweige stehen als Zeichen für das Leiden, das Jesus hat ertragen müssen und für das Leiden, das Menschen erleben. Besonders für diese Menschen wollen wir heute beten.

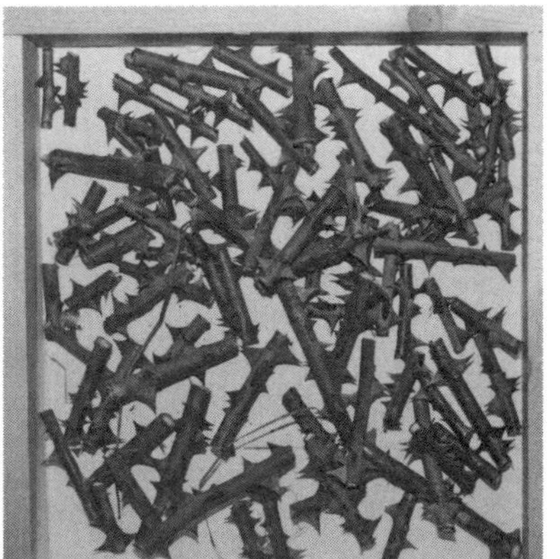
Foto: Gottfried Mohr

Jesus, du bist den schweren Weg ins Leiden gegangen. Wir wollen kein Unglück erleben. Wir wollen keine Schmerzen haben. Wir wollen, dass nichts Trauriges passiert. Wir sind froh, wenn wir nicht leiden müssen. Aber es gibt Unglück, Schmerz und Trauer und wir sind nicht sicher, ob es nicht auch uns trifft.

Wir denken an Menschen, die *krank* sind.
Wer möchte, kann einen Dornenzweig nehmen und ihn in den Bilderrahmen legen. Wer will, kann dazu den Namen nennen.

Wir denken an Menschen, die ein *Unglück* erlitten haben. Wir nehmen einen Dornenzweig und legen ihn in die Mitte.

Wir denken an Menschen, die *traurig* sind.
Wir nehmen einen Dornenzweig und legen ihn in die Mitte.

Christus, sei nicht ferne. Komm und hilf.

Judika

In der Mitte des Stuhlkreises liegt neben dem ersten der zweite Bilderrahmen des Bodenbildes. In einem Korb sind Steine. Die Mitarbeiterin/der Mitarbeiter leitet ein: »Die Steine stehen als Zeichen für die Gewalt, der Menschen ausgesetzt sind und die Menschen ausüben. Manchmal ist Gewalt etwas Schlimmes. Manchmal muss Gewalt sein.«

Jesus, du bist wütend geworden über die Leute, die Gottes Tempel zu einer Räuberhöhle gemacht haben. Wir erschrecken, wenn Menschen aus Wut etwas zerstören. Wir bekommen Angst, wenn Gewalttätige ihre Wut auslassen. Manchmal aber bekommen wir auch die große Wut, wenn Unrecht geschieht.

Foto: Gottfried Mohr

Wir denken an Menschen, die *ungerecht behandelt* werden. Wir nehmen für jeden von ihnen einen Stein und legen ihn in das Bild.

Wir denken an Kinder, die *geschlagen* werden. Wir nehmen für jedes von ihnen einen Stein und legen ihn in das Bild.

Wir denken an Menschen in Ländern, in denen *keine Freiheit* ist. Wir nehmen für jeden von ihnen einen Stein und legen ihn in das Bild.

Christus, sei nicht ferne. Komm und hilf.

Palmarum

Der dritte Bilderrahmen wird hinzugefügt. In einem Korb sind Silber-/Goldpapierkugeln. Die Mitarbeiterin/der Mitarbeiter leitet ein: »Die Gold-/Silberpapierkugen stehen als Zeichen für die Verschwendung, die Menschen oft treiben. Manchmal ist Verschwendung etwas Schlimmes. Manchmal ist es gut, ganz viel zu geben.«

Jesus, die Frau hat ihr kostbarstes Öl für Dich vergossen. Sie wollte Dir alles schenken, was sie hat. So sehr hat sie Dich geliebt.

Foto: Gottfried Mohr

Wir denken an Menschen, die sich für andere aufopfern. Das geschieht, wenn ein kranker Mensch viel Hilfe und Pflege braucht. Das geschieht, wenn Menschen viel Geld geben für andere in Not. Das geschieht, wenn sich jemand ganz und gar für eine gute Sache einsetzt.

Wir denken an solche Menschen und legen für sie eine Gold- oder Silberpapierkugel auf unser Bild.

Christus, sei nicht ferne. Komm und hilf.

Karfreitag

Der vierte Bilderrahmen wird hinzugefügt. In einem Korb liegen aus Haselnussstöcken geknüpfte Kreuze. Die Mitarbeiterin/der Mitarbeiter leitet ein: »Die Kreuze stehen als Zeichen dafür, dass alle Menschen sterben müssen. Wir denken heute im Gebet an Menschen, die nicht mehr bei uns sind. Wir denken an Menschen, die im Sterben liegen, und an Menschen, die um einen Mitmenschen trauern.

Foto: Gottfried Mohr

Jesus, Du hast das Sterben und den Tod auf Dich genommen. Auch in den schwersten Stunden willst Du bei uns Menschen sein.

Wir denken an Menschen, die schon *gestorben* sind, aber die noch in unserer Erinnerung lebendig sind. Wir legen für sie ein Kreuz in unser Bild und denken an sie. Wer möchte, darf ihren Namen nennen.

Wir denken an Menschen, die *traurig* sind, weil sie eine Freundin oder einen Freund verloren haben. Wir legen für sie ein Kreuz in unser Bild.

Wir denken an Menschen, die gerade *im Sterben* liegen und dieses Leben beenden müssen. Wir legen für sie ein Kreuz in unser Bild.

Christus, sei nicht ferne. Komm und hilf.

Ostern

Jesus, Du bist allen Menschen ganz nah, die es schwer haben.
Du bist bei den Kranken.
Du bist bei den Verzweifelten.
Du bist bei denen, die ganz allein sind.
Du kennst alle unsere Leiden.

Du bist den Weg durchs Leiden zur Freude gegangen.
Du bist den Weg durch Dunkel ins Licht gegangen.

Du bist den Weg durch die Einsamkeit zu Gott gegangen.

Deshalb gibst Du uns und allen Menschen Hoffnung.
Deshalb gibst Du uns und allen Menschen Mut.
Deshalb gibst Du uns und allen Menschen Lebensfreude.

Gott, wir danken Dir.

Die Kinder legen ihre Auferstehungsbilder in den mittleren Bildrahmen.

Wir singen gemeinsam:
Christ ist erstanden (EG 99)

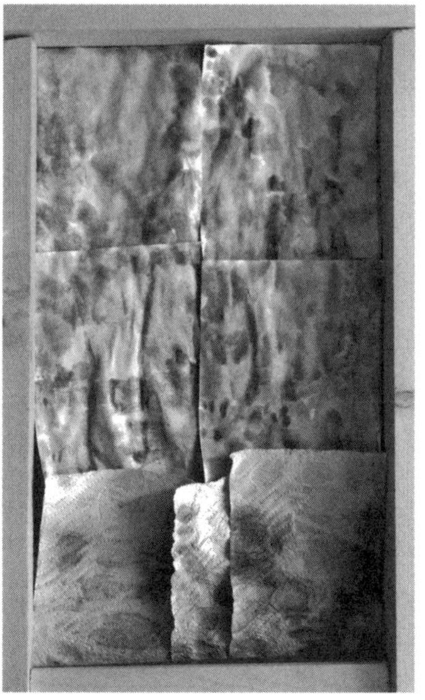

Foto: Gottfried Mohr

Kurzgeschichte

Die fünf kurzen Geschichten sind als Gesprächsimpulse gemeint. Sie sollen, nachdem die Geschichte erzählt ist, zum Weiterdenken anregen. Wichtig ist, dass die Kinder merken, dass **ihre** *Gedanken zum Thema gefragt sind und ernst genommen werden. Da gibt es keine richtigen und falschen Beiträge.*
Es gibt auch keine fertige Antwort auf diese Fragen. Methodisch kann es sinnvoll sein, nachdem die Kurzgeschichte vorgestellt wurde, die Überschrift auf ein Plakat zu schreiben und in die Mitte zu legen.

Muss Leiden sein?
Daniel hat einen schlimmen Verkehrsunfall. Ein Autofahrer hat ihm mit seinem Fahrrad die Vorfahrt genommen. Er hat einen komplizierten Beinbruch. Das Bein muss im Krankenhaus operiert werden. Er hat Schmerzen und jammert: »Das ist doch gemein. Mir tut mein Bein weh und der blöde Autofahrer hat gar nichts.« Nachdem der Gipsverband abgenommen wurde, muss Daniel jede Woche zur Krankengymnastik. Das tut jedes Mal weh, wenn er die Übungen machen muss. »Aber es ist wichtig, damit dein Bein wieder ganz beweglich wird«, sagt die Mutter. Im Krankenhaus und bei der Krankengymnastik sieht Daniel Kinder, die noch schlimmer dran sind. Manche werden nie wieder richtig laufen können. Dann bekommt Daniel eine richtige Wut – nicht nur auf

den Autofahrer, der nicht aufgepasst hat, auch auf Gott: »Warum gibt es so schlimme Sachen. Muss Leiden sein?«

Muss Gewalt sein?

Seit sie im neuen Reihenhaus wohnen, hat Daniel sein eigenes Zimmer. Er ist froh, nun kann er seine Autorennbahn stehen lassen. An die Tür hat er ein Schild gehängt: »Bitte anklopfen!« Seine kleine Schwester hält sich nicht daran. Sie geht in sein Zimmer, wann sie will, ohne anzuklopfen. Meistens ist nachher an der Rennbahn etwas kaputt. »Wie oft soll ich dir noch sagen, dass du nur in mein Zimmer darfst, wenn ich es dir erlaube!«, schimpft Daniel. Schimpfen hilft nicht, die kleine Schwester macht, was sie will. Eines Tages ist sie mit der Mutter einkaufen. Daniel ist allein zu Haus. Jetzt geht er in ihr Zimmer. Da liegen lauter Bilder auf dem Boden, die sie mit Wasserfarben gemalt hat. Daniel nimmt in seiner Wut die Bilder und zerreißt sie. »Das ist wegen gestern und vorgestern. Jetzt weißt du mal, wie das ist, wenn einem immer alles kaputt gemacht wird«, sagt Daniel laut.

Muss Verschwendung sein?

Daniels Eltern müssen sparen. Sie haben ein Reihenhaus gekauft und jetzt hört Daniel immer wieder, wenn er irgendetwas haben will: »Das können wir uns nicht leisten!« Ganz anders ist es am 40. Geburtstag der Mutter. Da gehen sie alle ins Gasthaus. Daniel liest die Speisekarte. Er denkt: »Ist das teuer hier.« »Du darfst dir auswählen, was du essen willst«, sagt die Mutter. Nach dem Essen wird er gefragt: »Willst du noch einen Nachtisch bestellen?« »Wird das nicht zu teuer?«, fragt Daniel. »Heute wird nicht gespart«, sagt der Vater.

Muss Sterben sein?

Daniel und sein Großvater sind dicke Freunde. Seit er in die Schule geht, kann ihn Daniel jeden Tag allein besuchen. Oft unternehmen sie etwas zusammen. Sie gehen in die Stadt und den Wald oder sie kochen miteinander. Seit zwei Monaten geht es Großvater nicht mehr gut. Erst musste er ins Krankenhaus, jetzt lebt er im Pflegeheim. Nach dem Schlaganfall kann er sich kaum noch bewegen. Nicht einmal sprechen kann er mehr. Daniel ist traurig. Eines Morgens weckt Mutter Daniel ganz früh. »Opa ist heute Nacht gestorben.« Daniel ist so traurig, dass er sich gar nicht trösten lassen will. Die Mutter aber sagt: »Für uns ist es traurig, aber für Opa ist es gut, dass er hat sterben dürfen. Nun muss er nicht mehr leiden.«

Muss Zweifel sein?

Daniel hört den Wetterbericht im Radio: »Morgen scheint den ganzen Tag die Sonne.« Daniel freut sich, denn morgen macht seine Klasse einen ganztägigen Wandertag. Als Daniel am nächsten Nachmittag vom Wandertag zurückkommt ist er stocksauer. Kurz nach der Mittagspause auf einer Burgruine sah man schon dunkle Wolken am Himmel. Dann kam ein heftiger Regenguss. Daniel wurde bis auf die Haut nass. Er hatte keinen Anorak dabei. Er hat sich auf den Wetterbericht verlassen. »Du musst nicht alles glauben, was das Radio sagt«, lacht seine Mutter.

Gestaltung eines Boden- oder Wandbildes zu den fünf Geschichten

Während des Fürbittengebets entsteht bei jedem Gottesdienst ein Bodenbild. Dazu werden fünf Bilderrahmen aus Holzlatten gebaut. Die hier vorgeschlagenen Maße können natürlich beliebig geändert werden. Ich habe sie entsprechend meiner vorhandenen Holzabfälle gewählt. Die vier Bilder für die Passionsgeschichten sind quadratisch (35 x 35 cm).
Das mittlere Bild für die Ostergeschichte hat die doppelte Größe (35 x 70 cm). Für die Rahmen habe ich Holzlatten aus dem Baumarkt (2 x 1 cm) verwendet. Hinter den Rahmen habe ich einen Pappkarton geklebt.
Das Bodenbild wächst von Gottesdienst zu Gottesdienst. Die Gestaltung erfolgt während des Fürbittengebetes (s. o.). Damit wird die Erinnerung an die vorausgegangenen Themen/Fragen und Geschichten wachgehalten. Wenn man die Gestaltungen mit Klebstoff fixiert, kann man das fertige Bild an der Wand aufhängen.

Foto: Gottfried Mohr

Zu den einzelnen Bildern:

Leiden
Gestaltungsmaterial: kleine Dornenzweige (z. B.: Rosenzweige). Achtung: Mit den Dornen ist es ratsam, vorsichtig umzugehen.

Gewalt
Gestaltungsmaterial: Steine vom Straßenschotter.

Verschwendung
Gestaltungsmaterial: Gold- und Silberpapierstücke zu Kugeln zusammenknüllen.

Sterben
Gestaltungsmaterial: Aus Holzstöcken werden mit Schnur Kreuze gebunden.

Ostern
Als Einstieg in die Geschichte malt jedes Kind mit Wasserfarben ein Osterbild. Saugfähiges Papier wird nass gemacht. Dann wird ein Farbklecks in blau unten angebracht und oben ein Farbklecks in gelb. Die Farben fließen ineinander.
Mit folgendem Gedanken wird dann die Ostergeschichte eingeleitet: »Heute ist Ostern. Ostern feiern wir, wie nach langer Trauer Freude aufkommt. Das zeigen unsere Osterbilder. Licht durchdringt das Dunkel.«

Stichworte:
Leiden, Gewalt, Verschwendung, Sterben, Hoffnung, Auferstehung

Gottfried Mohr

»Gib uns Freiheit jeden Tag« – Geschichten um Mose

07.04.2013
(Quasimodogeniti)
Frei zum Leben – Moses Geburt
(2 Mose 2,1–10)

14.04.2013
(Misericordias Domini)
Frei zum Handeln – Moses Berufung
(2 Mose 3,14)

21.04.2013
(Jubilate)
Frei zu einem neuen Anfang – Auszug aus Ägypten
(2 Mose 12,29–39.51)

28.04.2013
(Kantate)
Frei in der Gemeinschaft – Am Berg Sinai
(2 Mose 19+20,1–21)

Die vier Geschichten dieser alttestamentlichen Reihe münden in der großen Befreiungstat Gottes, auf der der jüdische Glaube fußt: Gott befreit die versklavten Hebräer aus der Unterdrückung in Ägypten. An vier Sonntagen erleben wir, wie Gottes Rettungsplan Gestalt gewinnt. Zunächst zugespitzt auf die Person des Mose (Rettung des Säuglings Mose, Berufung des erwachsenen Mose) wird die Geschichte zur Verheißungsgeschichte für ein ganzes Volk, die Generationen – nicht nur durch 40 Jahre Wüste – trägt. Am Ende der Reihe steht das Geschenk der »zehn Gebote«. Die Befreiungsgeschichte Gottes mündet in der Gabe des Dekalogs, der »zehn Worte«, die Leben in Freiheit und in Gemeinschaft mit Gott und den Menschen möglich machen.
Die Geschichten aus dem 2. Mosebuch werden mit Bodenbildern gestaltet. Wiederkehrend ist das große sandfarbene Tuch, das deutlich macht, dass es um Wüstengeschichten geht, und die lange goldene Kordel, die Gottes Gegenwart symbolisiert.

Liturgische Gestaltung

Zusammenkommen – sich Gott zuwenden

Votum
Im Namen Gottes, des Vaters, der uns hört, wenn wir zu ihm beten.
Im Namen Jesu Christi, der bei uns ist, wenn andere uns unterdrücken.
Im Namen des Heiligen Geistes, Gottes Kraft, die uns frei und mutig macht.

Eingangsgebet mit Kehrvers

Das Lied »Gott stärke dich« schließt mit den Worten »in Freude«. Für die Mose-Reihe könnten sich diese Worte verwandeln in »durch Frieden«, »im Segen«, »mit Freunden«, »in Freiheit«.

Guter Gott, Du bist bei uns an jedem Tag. Hab Dank, dass du uns nahe bist. Du stehst uns bei, guter Gott, hilf uns, wenn wir allein sind, wenn die Angst uns bedroht.

Lied: Gott stärke dich ...

Text: Andrea Bauer, Melodie: © Bernd Schlaudt

Du hilfst uns auf, guter Gott. Wir liegen am Boden, Schuld belastet uns, andere unterdrücken uns – hilf uns auf.

Lied: Gott stärke dich ...

Du führst uns, guter Gott, wenn wir den Weg nicht wissen, wenn uns die Füße schwer sind, wenn wir das Ziel nicht sehen. Hab Dank, dass Du uns nahe bis.

Lied: Gott stärke dich ...

Ein Lied, das beides – die Wüstensituation und Nähe Gottes – bündelt, ist das Lied »Gott liebt uns mit Leidenschaft«. Es kann alle Sonntage begleiten.

Text und Melodie: © Birgitt Johanning und Christof Falkenroth

2. Müde und verzweifelt gar, so geht der Blick zurück.
   Kein Funke Hoffnung war mehr da: Wo finden sie ihr Glück?

3. Gott lässt sie nicht untergehn: Er bleibt dem Volk ganz nah.
   Er zeigt sich in dem Dornenbusch und sagt: Ich bin doch da!

4. Gott ist in der Dunkelheit: Er leuchtet hell und klar.
   Er führt sie sicher an das Ziel, macht die Verheißung wahr.

5. Gott macht unser Leben hell von allem Anfang an,
   geht auch in tiefster Wüstennacht hell leuchtend uns voran.

Hören – Antworten

Quasimodogeniti: Bodenbild zur Rettung des Mose

Benötigtes Material: 5 einfache Kegelfiguren aus Holz (Moses Mutter, Mirjam, Prinzessin, Dienerinnen), Körbchen mit Holzkugel als Mosebaby, lange goldene Kordel (Gegenwart Gottes), Tücher (sandfarben, blau, grün) zur Gestaltung der Landschaft, Buchstaben aus Papier (M, O, S, E).

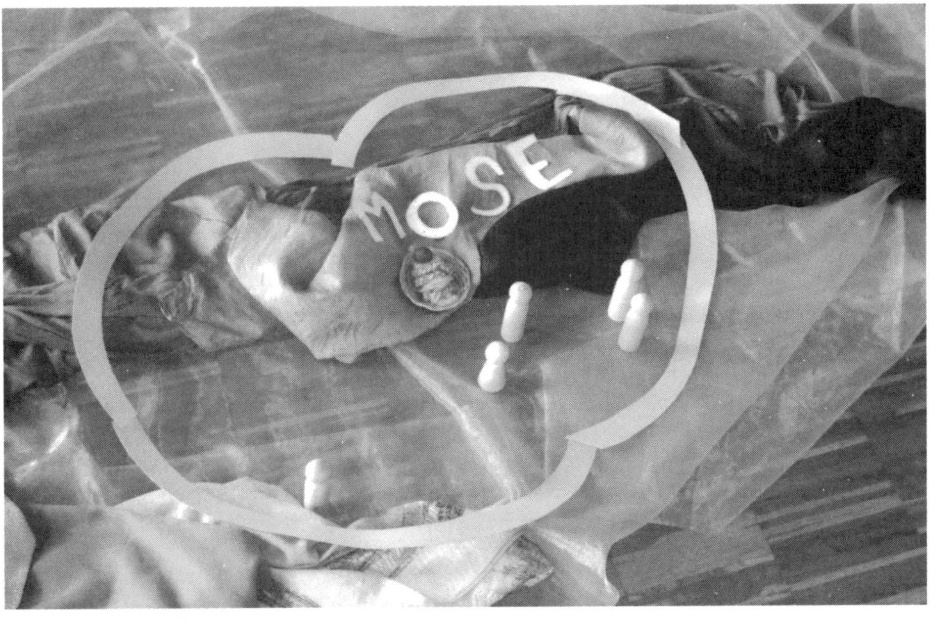

Foto: Adelheid Neserke

Erzählung in groben Zügen	Bodenbild
Situation der Hebräer in Ägypten (Fronarbeit, Tötung der neugeborenen Jungen)	*Flusslandschaft aus Tüchern: sandfarben (Untergrund), blau (Fluss) und grün (Ufer)*
Moses Geburt, Mirjam	*Mutterfigur und Holzkugel auf das sandfarbene Tuch, etwas entfernt vom »Fluss«; Mirjamfigur dazu*
Lebensgefahr für das Baby, rettende Idee der Mutter	*Mutterfigur, Mirjamfigur und Körbchen mit Holzkugel auf grünes Tuch*
Abschied der Mutter	*Körbchen, Holzkugel auf blaues Tuch, Mutterfigur zurück wie anfangs*

Mirjam, die große Schwester, passt auf das Baby auf	*Mirjamfigur in die grünen Tücher stellen und mit der goldenen Kordel einen Halbkreis um Baby und Schwester legen*
Aktion: *Die größeren Kinder können nun gute Wünsche auf Wasserwellen (ausgeschnitten aus blauem Papier) schreiben und um das Körbchen legen.*	
Die Prinzessin kommt mit ihren Dienerinnen zum Baden an den Fluss	*Prinzessin-Figur und Dienerinnen-Figuren an den blauen Stoff (Flussufer) stellen*
Die Prinzessin entdeckt das Kind und hat Mitleid mit ihm	*Prinzessin-Figur zum Körbchen stellen und die goldene Kordel zum Kreis um die Prinzessin und ihre Dienerinnen herum vervollständigen*
Mirjams Vorschlag: Eine Amme kann das Kind versorgen	*Mirjamfigur neben die Prinzessin-Figur stellen*
Die Prinzessin lässt die Amme holen und gibt dem Baby den Namen Mose	*Mutterfigur dazu stellen; Buchstaben M, O, S, E, in den Kordelkreis legen*

Misericordias Domini: Bodenbild zur Berufung des Mose

Benötigtes Material: 1 einfache Kegelfigur aus Holz (Mose), 6 Watteböllchen, lange goldene Kordel (Gegenwart Gottes), Tücher (sandfarben, rot) zur Gestaltung der Landschaft, drei Scheiben hartes Brot, ein Stück Stacheldraht, kleine Karten mit den Worten »Elend«, »Geschrei« und »Not«, ein großes Stück Schafwolle, ein Glas Honig und ein Glas Milch.

Erzählung in groben Zügen	Bodenbild
Mose hütet in der Wüste die Schafe seines Schwiegervaters	*Großes hellbraunes Tuch als Landschaft mit sanften Hügeln ausbreiten; Kegelfigur und sechs Wattebällchen am unteren Rand darauf stellen*
Mose erblickt einen Dornbusch, der brennt und doch nicht verbrennt. Er nähert sich	*In die Mitte ein rotes Tuch fächerförmig legen; Kegelfigur dazu stellen*
Mose hört, wie sein Name gerufen wird, und antwortet	*Auf den roten Fächer eine große Kerze (Gotteskerze) stellen*
Gott fordert Mose auf die Schuhe auszuziehen und stellt sich vor	*Rund um das rote Tuch goldenen Kordel legen*
Gott sagt: »Ich habe das Elend meines Volkes in Ägypten gesehen.«)	*Drei Scheiben hartes Brot auf die linke Seite des hellbraunen Tuches legen*

»Ihr Geschrei über ihre Not habe ich gehört.«	*Ein Stück Stacheldraht dazu legen und die Worte »Elend«, »Geschrei«, »Not« auf die Stacheln spießen*
»Ich will sie retten und ihnen ein neues Zuhause geben.«	*Ein großes Stück Schafwolle auf die rechte Seite legen*
»Ich will ihnen Land geben, in dem Milch und Honig fließen. Du, Mose, sollst sie führen«.	*Ein Glas Honig und ein Glas Milch auf die rechte Seite stellen*
Die Kinder können ein Stück hartes Brot probieren und erzählen, was sie in ihrem Alltag als »hartes Brot« empfinden. Sie können mit kleinen Holzstäbchen den Honig kosten und erzählen, was ihr Leben versüßt.	

Jubilate: Bodenbild zum Auszug aus Ägypten

Benötigtes Material: Tücher (sandfarben, blau), 2 Bögen schwarzes Seidenpapier, 3 Dreiecke aus Holz (Pyramiden = Ägypter) und 3 einfache Kegelfiguren aus Holz (Mose, Aaron, Pharao), 20 Holzkugeln für das Volk, 20 farbige Holzkugeln (für die vielen, die mit auszogen), lange goldene Kordel (Gegenwart Gottes), eine kleine Holzschüssel mit etwas Matzenteig

Erzählung in groben Zügen	Bodenbild
	Sandfarbenes Tuch ausbreiten, oberes Drittel mit blauem Tuch (Nil) und Dreiecken (Pyramiden) als Land der Ägypter gestalten
Großes Unglück (Tod der Erstgeborenen) ist über die Ägypter gekommen	*Schwarzes Seidenpapier über die Dreiecke breiten*
Pharao spricht zu Mose und Aaron: Zieht weg aus meinem Land und betet euren Gott an.	*Kegelfiguren – 1 (Pharao) 2 (Mose, Aaron) gegenüber – etwa in der Mitte des Tuches aufstellen; goldene Kordel von Mose und Aaron aus zum unteren Ende des Tuches legen*
Eilig macht sich das Volk auf den Weg. Proviant können sie nicht vorbereiten. So nehmen sie ihre Teigschüsseln mit auf den Weg	*Holzkugeln entlang der goldenen Kordel auslegen; Schüssel mit Teig dazu stellen*
Viele zogen mit ihnen	*Bunte Holzkugeln dazulegen*
Auch heute noch wird im Judentum das Fest der ungesäuerten Brote (Pessach) gefeiert, das an den Auszug aus Ägypten erinnert. Rezept s. u.	

Kantate: Bodenbild zu den 10 Geboten

Benötigtes Material: Tücher (sandfarben, grün, dunkelblau) zur Gestaltung der Landschaft, kleines Kissen für den Berg, 1 einfache Kegelfigur aus Holz (Mose), 20 Holzkugeln für das Volk, Silberpapier in Blitzform, lange goldene Kordel (Gegenwart Gottes), 10 weiße Karten, auf der Vorderseite beschrieben mit den Buchstaben »Z, E, H, N, G, E, B, O, T, E«, auf der Rückseite »L, E, B, E, N, S, W, O, R, T, E«.

Erzählung in groben Zügen	Bodenbild
Volk kommt in die Wüste Sinai, an den heiligen Berg	*Großes sandfarbenes Tuch ausbreiten, an einer Stelle das Kissen als Berg unterschieben; Holzkugeln in die Nähe der »Berges« legen*
Mose steigt auf den Berg, um mit Gott zu reden	*Goldene Kordel um den »Berg« legen, Kegelfigur auf den »Berg« stellen*
Mose kehrt zum Volk zurück und berichtet vom Angebot Gottes (Bund)	*Kegelfigur zum Volk stellen*
Gott zeigt sich im Gewitter, der Berg bebt	*Dunkelblaue Tücher als Gewitterwolken, Silberpapierblitze auf den »Berg« legen*
An dieser Stelle kann man mit den Kindern akustisch einen Gewittersturm aufziehen lassen: Wind kommt auf: Hände aneinander reiben, es tröpfelt: mit den Fingerspitzen sachte auf den Boden klopfen, es regnete: heftiger klopfen; der Wind heult: Huuuh, huuuh rufen; es blitzt und donnert: mit den Fäusten auf den Boden trommeln.	
Volk erschrickt und weicht zurück; Mose steigt erneut auf den Berg und erhält von Gott die 10 Gebote	*Holzkugeln ein Stück vom Berg entfernen, Kegelfigur auf den Berg stellen und Karten mit der Vorderseite nach oben zwischen »Volk« und »Berg« legen, so dass die Worte »Zehn Gebote« zu lesen sind*
Gott hat sein Volk in die Freiheit geführt und hat Lebensworte für uns, damit wir die Freiheit in Liebe bewahren können	*Mit der goldenen Kordel ein Herz um die Holzkugeln und die Karten legen und die Karten umdrehen*

Kurzgeschichte

Die Geschichte kann als Hinführung zu den Motiven »Freiheit« und »Regeln« zu Beginn der Einheit eingesetzt werden.

Der Türöffner summt. Louisa stürmt ins Haus und ruft: »Mama, wir sind da!« Yannis wirft die Tür hinter sich zu, streift die Schuhe von den Füßen und lässt den Tornister fallen. »Puh, endlich Ferien!«, stöhnt er. »Ja, zwei Wochen frei!«, stimmt ihm Louisa zu. Selten sind sich die Geschwister so einig wie jetzt: Zwei Wochen lange schlafen, kein Wecker, keine Hausaufgaben, nichts, rein gar nicht tun. Louisa ist auf dem Weg in ihr Zimmer, als die Mutter die Treppe herunterkommt. Sie schiebt sich an ihrer Mutter vorbei. »Hallo, mein Schatz!«, die Mutter drückt ihr einen Kuss auf die Wange. »Alles okay bei dir?« Louisa nickt und grinst: »Klar, sind ja Ferien.« Louisa schleppt ihren Tornister hinauf.

Yannis Schultasche und Turnschuhe liegen dagegen mitten im Weg, Yannis selbst auf dem Sofa. Die Mutter zieht die Augenbrauen hoch, sagt aber nichts. »Mama, was gibt es heute zum Abendessen?« »Pizza, mein Schatz – zur Feier des Tages! Wenn du deine Tonne und die Schuhe aufgeräumt hast, kannst du den Tisch decken. Die Pizza ist gleich fertig.« »Mama, ich hab Ferien! Ich muss meinen Dienst nicht machen!«, protestiert Yannis.

Seit zwei Monaten sind die Geschwister für den Abendbrottisch zuständig: Eine Woche lang deckt ein Kind den Tisch und das andere räumt ab – dann ist Wechsel. Diese Woche ist Yannis mit Decken dran.

»Du möchtest also den Tisch nicht decken, weil du Ferien hast?«, fragt die Mutter zurück. »Genau!«, antwortet Yannis. »Möchtest du dann zwei Wochen lang kein Abendessen und heute auf die leckere Pizza verzichten?«, hakt die Mutter nach. »Blödsinn!«, ruft Yannis entrüstet. »Klar will ich Pizza essen! Was denkst du denn? Ich will schließlich nicht verhungern!« Die Mutter lacht. Dann wird sie wieder ernst: »Yannis, wir leben zusammen als Familie und haben uns bestimmte Regeln gegeben. Wenn du nicht verhungern willst, dann musst du auch deinen Beitrag dazu leisten und der lautet diese Woche: ›Du sollst den Abendbrottisch decken!‹« Yannis runzelt die Stirn: »Und du meinst, das gilt auch für die Ferien?« »Ich meine«, sagt die Mutter, »dass es uns das Leben leichter macht, wenn wir uns an bestimmte Regeln halten – auch in den Ferien.« »Na gut«, sagt Yannis und schwingt die Füße vom Sofa, »du hast gewonnen. Aber, weil wir Ferien haben ...« – Yannis macht eine lange Pause und grinst breit – »Weil wir Ferien haben, essen wir draußen und machen ein Pizzapicknick!«

Adelheid Neserke

Zu Quasimodogeniti

»Mose im Körbchen« basteln aus Walnussschale, Knete und einer Perle.

Imaginationsübung: Kindergartenkinder legen sich in einen gepolsterten Wäschekorb und spielen »Mose im Körbchen« nach. Große Kinder werden von MitarbeiterInnen in einer stabilen Decke gewiegt.

Zu Misericordias Domini

Dornbuschwindlicht basteln aus großem Glas, Paketschnur, Transparentpapier (rot, gelb und orangefarben), große Kerze, Klebe und Kleister. Die Paketschnur in Stücke schneiden, in Form eines Dornbusches auf das Windlicht kleben. »Flammen« aus Transparentpapier reißen und mit Kleister über den »Dornbusch« auf das Glas kleben. Kerze ins Windlicht stellen und anzünden.

Kinderbibel: Kinderbibel mit Bildern von Sieger Köder, Verlag Katholisches Bibelwerk GmbH, Stuttgart 1995. Mit den Großen kann man die entsprechenden Bilder anschauen (besonders S. 41). In den Flammen stehen Zeichen, die wie hebräische Buchstaben aussehen. Wenn man jedoch das Bild vor einen Spiegel hält, kann man die Worte »Ich bin, der ich bin« lesen.

Zu Jubilate

Matzen-Rezept für eine »Kostprobe«

225 g Weizenvollkornmehl und 225 g Gerstenvollkornmehl mit ca. 220 ml Wasser verrühren (Für den besseren Geschmack gebe ich 1/2 TL Salz und eine Prise Zucker hinzu).
Den Teig etwa 3 Minuten gut kneten.

Den Teig in kleine Kugeln teilen. Ein Backblech einölen und die Kugeln darauf legen. Jede Kugel mit der Hand flach drücken, so dass Fladen mit einem Durchmesser von etwa 10 cm entstehen. Mit einer Gabel einstechen, damit sich keine Blasen bilden. 10 Minuten im Backofen bei 250° C backen.

Fladenbrot – eine Rückengeschichte zum Entspannen

Die Kinder gehen zu zweit zusammen. Das eine Kind legt sich bequem auf eine Decke. Das andere Kind massiert ihn den Rücken, so als ob es ein Fladenbrot darauf backen würde. Eine Mitarbeiterin spricht den Verlauf des »Brotbackens« vor und macht die entsprechenden Handgriffe dabei an einer anderen Mitarbeiterin vor. Die aktiven Kinder ahmen sie nach.

In meine flache Schüssel gebe ich Mehl.	*Den Rücken weich mit beiden Händen kreisend streicheln.*
Dann gieße ich etwas Öl dazu …	*Mit den Fingerspitzen Kreise auf den Rücken malen.*
… und etwas warmes Wasser.	*Alle Finger einer Hand aufsetzen und »auseinanderfließen« lassen.*
Dann gebe ich Salz und Zucker hinzu.	*Mit den Fingerspitzen leicht zupfen.*
Daraus knete ich einen Teig.	*Den Rücken von oben nach unten mit beiden Händen kräftig massieren.*
Nun forme ich flache runde Brote	*Mit den Fäusten von oben drehend drücken, dann mit der flachen Hand »Brote« zu »Fladen« platt drücken.*
Ich lege die Fladen auf ein Backblech und schiebe es in den Ofen	*Mit flachen Händen von unten nach oben streichen.*
Nach einiger Zeit hole ich die fertigen Fladen wieder heraus.	*Mit flacher Hand von oben nach unten streichen.*
O, wie sie duften! Schnuppert alle einmal! Guten Appetit!	*Genießerisch einatmen und ausatmen.*

Zu Kantate

»Tontafeln« mit wichtigen Regeln beschreiben: Wir besprechen, welche Regeln wir für unser Leben miteinander für wichtig halten und schreiben sie auf Tonpapier, das wir wie Tafeln zugeschnitten haben. Wer Ton oder selbst trocknende Knetmasse zur Verfügung hat, kann ja auch Täfelchen formen und den Text einritzen.

Foto: Urd Rust

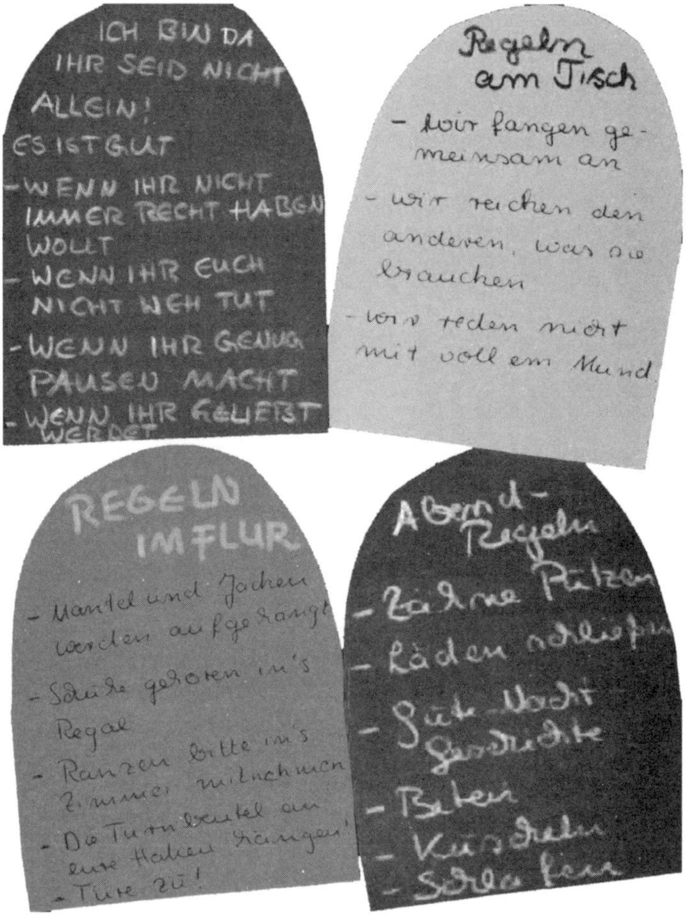

Stichworte:
Freiheit, Regeln, Gebote

Adelheid Neserke

Gott – wie bist du?
Von Gott will ich erzählen

05.05.2013
(Rogate)
Die Quelle des Lebens – Gott schenkt Leben
(Psalm 36,10a)

09./12.05.2013
(Himmelfahrt/Exaudi)
Die Wolken- und Feuersäule – Gott weist den Weg
(2 Mose 13,21–22)

19./20.05.2013
(Pfingsten)
Der Atem des Lebens – Gott belebt neu
(Johannes 20,21–22)

Gott – wie bist Du? Gott, wie kann ich Dich mir vorstellen? Diese Fragen beschäftigen kleine und große Menschen. Wenn wir Kindern von Gott erzählen, dann helfen uns dabei Bilder und Symbole aus den biblischen Geschichten. Gerade im Buch der Psalmen finden sich dazu großartige Bilder, die von Gottes Kraft und wunderbarer Macht erzählen. In den vorgeschlagenen Texten wird Gott als Urgrund allen Lebens beschrieben. Der Schöpfer allen Lebens, der seinen Menschenkindern auch in schweren Zeiten auf wundersame Weise neue Wege aufzeigt und alle Geschöpfe immer wieder mit seinem heiligen Geist neu belebt. Diese Erfahrung dürfen wir mit den Kindern immer wieder teilen, gestalten und feiern. Die liturgischen und kreativen Anregungen wollen dabei helfen.
Im Psalm 36 wird uns Gott als die Quelle des Lebens beschrieben. Kinder sind von Wasser in jeglicher Form fasziniert, erkennen schon früh, welch existenzielle Bedeutung das Wasser für alles Leben hat.
Diese Erfahrung wird im vorgeschlagenen Psalmgebet aufgenommen und verdichtet sich im Kehrvers: »Du, Gott, schenkst Leben.« Im theologisierenden Gespräch, unterstützt durch bunte Psalmbilder, lassen sich mit den Kindern weitere Bilder und Beschreibungen für Gott finden. Einige der Gedanken können dann in den »Zuckerkreidenpsalmbildern« Gestalt gewinnen. »Gott weist den Weg« erfuhr einst das Volk Israel auf der Flucht aus der ägyptischen Gefangenschaft. Und es gilt auch für uns heute oft auf wundersame Weise.
Die Legende von Himmel und Erde greift diese Erfahrung auf. Im Gestalten von eigenen Feuer-, Wolken- und Windbildern können sich die Kinder daran erinnern. Wenn Gottes Geist ins »Spiel« kommt, wird dies auch körperlich spürbar. Das erlebte die junge Gemeinde zu Pfingsten in Jerusalem, das spürten auch die verlassenen Jüngerinnen und Jünger, als Jesus ihnen seinen Frieden und den heiligen Geist zusagte. In Spielen mit Atem und Luft vollziehen die Kinder diese Erfahrung nach.

Liturgische Gestaltung

Zusammenkommen – sich Gott zuwenden

Für die gesamte Einheit: Gestaltete Mitte mit Kerzen, Kreuz und blauen Tüchern. Darauf eine Schale mit Wasser und Wassertropfen aus Papier ausgeschnitten oder in Form von Edelsteinen oder Kristallen.

Votum

Wir zünden die Kindergottesdienstkerze an mit den Worten:
Wir sind zusammen im Namen Gottes, der uns das Leben schenkt,
im Namen Jesu Christi, der uns den Weg weist,
und im Namen des Heiligen Geistes, der uns belebt. Amen.

Psalmgebet (nach Psalm 36)

Eine/r:	Guter Gott, an jedem neuen Tag weckst Du uns mit dem Licht Deiner Sonne, die für alle Menschen scheint. Die Sonne wärmt uns im Sommer auf der Wiese und im Schwimmbad, sie lässt Blumen blühen und Obst reif werden. Dafür danken wir Dir.
Alle:	Du, Gott, schenkst Leben.
Eine/r:	Gott, Du bist so gut zu uns, Deine Güte reicht hoch bis in den Himmel. Deine Gerechtigkeit steht wie ein festes Haus. Und Deine Freundlichkeit ist wie ein blühender Garten.
Alle:	Du, Gott schenkst Leben.
Eine/r:	Gott, Du hilfst Menschen und Tieren. Alle Geschöpfe können sich auf Dich verlassen. Du schenkst Wasser zum Leben. Und so wächst auf Deiner Erde alles, was wir zum Leben brauchen. Du, Gott, bist Licht und Leben. Bei Dir, Gott, ist die Quelle des Lebens
Alle:	Du, Gott, schenkst Leben. Amen.

Textlesung aus der Kinderbibel

Zum Vorlesen der biblischen Geschichten Exodus und Pfingstgeschichte eignet sich sehr gut: Diana Klöpper, Kerstin Schiffner: Gütersloher Erzählbibel. Mit Bildern von Juliana Heidenreich, 2. Aufl., Gütersloh 2008.

Lieder

Mein Gott bist Du (KG 154)
Gottes Geist kommt oft ganz leise (KG 72)
Da berühren sich Himmel und Erde (MKL 2, 132)

Kurzgeschichte

Zu Himmelfahrt/Exaudi kann erklärend folgende kleine Geschichte erzählt werden.

Wo Himmel und Erde sich berühren
Es waren zwei Mönche, die lasen miteinander in einem alten Buch, am Ende der Welt gebe es einen Ort, an dem der Himmel und die Erde sich berühren. Sie beschlossen ihn zu suchen und nicht umzukehren, ehe sie ihn gefunden hätten. Sie durchwanderten die Welt, bestanden unzählige Gefahren, erlitten alle Entbehrungen, die eine Wanderung durch die ganze Welt fordert, und alle Versuchungen, die einen Menschen von seinem Ziel abbringen können.
Eine Tür sei dort, so hatten sie gelesen, man brauche nur anklopfen und befinde sich bei Gott. Schließlich fanden sie, was sie suchten, sie klopften an die Tür, bebenden Herzens sahen sie, wie sie sich öffnete, und als sie eintraten, standen sie zu Hause in ihrer Klosterzelle. Da begriffen sie: Der Ort, an dem sich Himmel und Erde berühren, befindet sich auf der Erde, an der Stelle, die uns Gott zugewiesen hat.

Kreative Ideen

Zum Sonntag Rogate

Theologisieren mit Kindern: Wie siehst Du aus, Gott?

Literaturtipp: Marie-Helene Delval/Rainer Oberthür: Wie siehst du aus, Gott?, Stuttgart 2011 (Hier finden sich tolle Bilder und schöne Texte, die von Gott und der Welt erzählen.)

Angeregt durch solche Beispiele können wir eigene Psalmbilder gestalten. Besonders leuchtende Bilder bekommt man beim **Malen mit Zuckerkreide**. Besonders schön wirkt die Kreide auf dunklem Tonpapier.

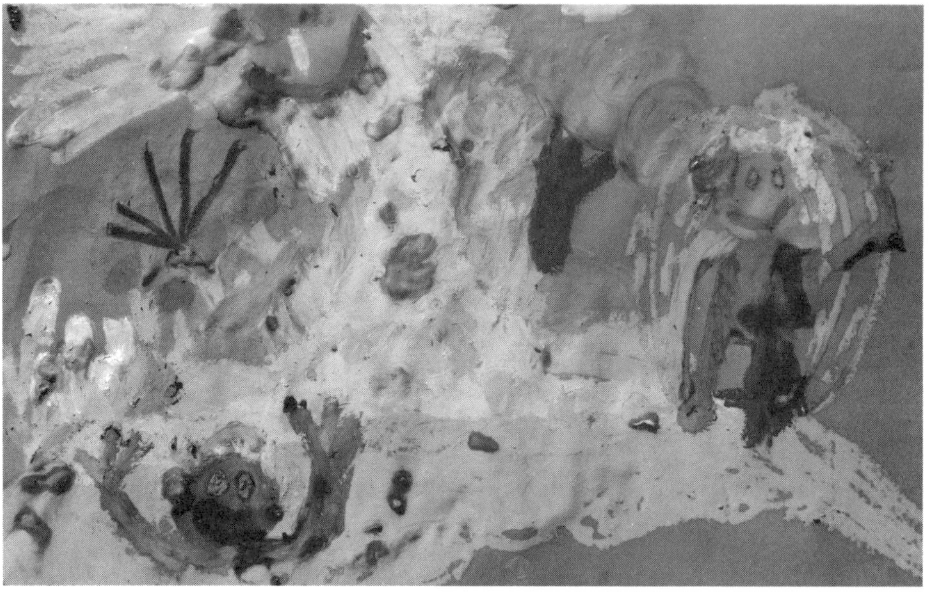

Foto: Urd Rust

Man braucht dazu bunte Tafelkreide, pro Farbe eine Tasse oder einen anderen Behälter, Zucker, einen Teelöffel, Papier (am besten dunkles Tonpapier) und Haarspray.

Pro Farbe füllt man eine Tasse mit Wasser, gibt pro Tasse 2 Teelöffel Zucker in das Wasser und verrührt den Zucker, bis er sich aufgelöst hat. Die Kreidestangen werden in zwei Stücke gebrochen und einige Zeit (am besten über Nacht) in Zuckerwasser eingeweicht, bis sie sprudeln und zu Boden sinken. Dann kann man mit der weichen feuchten Farbmasse malen. Wenn die Kreide auf dem Kunstwerk getrocknet ist, kann sie mit Haarspray fixiert werden und bleibt lange schön strahlend.
Die hergestellten Bilder der Kinder können mithilfe eines Laminiergerätes haltbar gemacht werden und sind so z. B. auch als Tischsets zu benutzen.

Mehr für die Ohren bietet ein **Wassermusikkonzert**. Dazu werden Trinkgläser unterschiedlich hoch mit Wasser gefüllt. Die Gläser können dann mit kleinen Holzlöffeln zum Klingen gebracht werden. So kann eine schöne Wassermelodie erklingen.

Zu Himmelfahrt/Exaudi

Wir gestalten eine Wolken- und Feuersäule. Die Feuersäule lässt sich aus Krepppapierschnipseln und Kügelchen in verschiedenen Rot- und Gelbtönen herstellen. Zur Darstellung der Wolkensäule kann Watte oder weiße Märchenwolle verwendet werden.

Zu Pfingsten

Weil an Pfingsten Gottes Geist ins Spiel kommt, können wir dann Wind-Bilder herstellen. Man braucht dazu dicke Haarpinsel, große Papierbögen, Wasserfarben und Trinkhalme.

Die Pinsel gut anfeuchten und satt mit Farbe tränken. Dann vorsichtig (es spritzt!) über einem Papierbogen ausschlagen, damit dicke Farbtropfen auf dem Papier liegen. Diese Tropfen dann durch Pusten auseinandertreiben. Dadurch entstehen sehr interessante Figuren. Durch gezieltes Pusten mithilfe eines Trinkhalmes lassen sich die Formen der einzelnen Farbkleckse recht gut steuern. Auf diese Weise kann auch ein Gemeinschaftsbild entstehen, an dem Mädchen und Jungen Spaß haben.

Weil wir an Pfingsten vom Heiligen Geist erzählen, können auch **Kunstpostkarten** mit der Darstellung des Heiligen Geistes mit den Kindern betrachtet werden. Wir fragen uns: Wie sieht es aus, wenn Gottes Heiliger Geist »ins Spiel« kommt?
Die Postkarten können dann zu einem **Puzzle** auseinandergeschnitten und von den Kindern in Gruppen wieder zusammengesetzt werden.

Um die Luft und den Atem des Lebens den Kindern bewusst und anschaulich zu machen, können einige **Körperübungen** hilfreich sein. Schon kleine Kinder spüren, dass, wenn sie die Luft anhalten, etwas Überlebenswichtiges fehlt. Kinder sind fasziniert vom Wind. Sie spüren und erleben, wie Wind und Atem vieles in Bewegung bringen kann: das Papier auf dem Boden, die Wolken in der Luft, den fliegenden Drachen, die Bäume, die sich im Wind neigen.
Die Kinder werden eingeladen sich hinzustellen. Beim Einatmen heben sie die Arme, und beim Ausatmen werden die Arme und der Oberkörper nach unten gebeugt oder fallen gelassen.

Oder wir machen **Spiele** mit Wind und Puste:
a) Die Kinder setzen sich jeweils zu zweit am Tisch einander gegenüber. Auf die Mitte des Tisches werden ein Wattebausch, eine Feder oder ein Tischtennisball gelegt. Die Kinder versuchen den Gegenstand zum Mitspielenden auf die andere Seite zu pusten.
b) Die Kinder können sich gegenseitig anpusten. Das kann ganz sanft geschehen und dann heftig bis stürmisch werden. Dabei können die Kinder auch Windgeräusche machen. Um gezielt zu pusten, können die Mädchen und Jungen Papprollen oder Strohhalme einsetzen und so ihr Gegenüber gezielt anpusten.
c) Eine Abdeckfolie aus durchsichtigem Plastik (aus dem Baumarkt) wird von sechs bis acht Kindern gehalten und bewegt. So entsteht Wind. Einzelne Kinder können sich darunterlegen und von Wind und Meer träumen. Ähnlich lässt sich auch ein Fallschirm oder Schwungtuch (auszuleihen in der Schule oder im Kindergarten) einsetzen.

Den frischen Wind an Pfingsten können wir auch darstellen durch **gebastelte Windräder.** Ein quadratisches Papier wird so gefaltet, dass vier Faltlinien entstehen (s. Abbildung) An der Markierung werden diese Faltlinien eingeschnitten.

Durch die vier Ecken sticht man eine Stecknadel, biegt die Ecken nach innen und heftet sie durch den Mittelpunkt fest. Dann wird die Nadel durch einen Strohhalm gesteckt und mit einem Stück Korken oder einer Perle abgesichert.

Zeichnung: Urd Rust

Stichworte:
Leben, Quelle, Wasser, Brunnen, Atem, Heiliger Geist, Weg, Licht, Wolken- und Feuersäule

Christine Wolf

Zeit des Himmels und der Erde – Unterwegs mit Abraham

26.05.2013
(Trinitatis)
Abraham packt seine Zelte
(1 Mose 11,26ff.+12,1–7)

02.06.2013
(1. Sonntag nach Trinitatis)
Abraham und Lot: Zeltplatz gesucht!
(1 Mose 13,1–8)

09.06.2013
(2. Sonntag nach Trinitatis)
Abraham unter dem weiten Himmelszelt
(1 Mose 15,1–7)

16.06.2013
(3. Sonntag nach Trinitatis)
Hagar und Ismael – Tränen im Zelt
(1 Mose 16)

23.06.2013
(4. Sonntag nach Trinitatis)
Besuch im Zelt
(1 Mose 18,1–16+21,1–7)

30.06.2013
(5. Sonntag nach Trinitatis)
Zoff im Zelt – Kein Platz mehr für Ismael
(1 Mose 21,9–21+25,9)

Das Leben in einem Zelt ist das Gefühl von Freiheit und Unbeschwertheit – wenn wir der Werbung von »Outdoor-Ausstattern« glauben wollen! Kinder freuen sich und denken an Abenteuer, wenn sie in einem Zelt übernachten dürfen. Schon kleine Kinder bauen sich »Höhlen« unter einem Tisch oder aus Tüchern und Decken »Zelte« im Kinderzimmer. Ein Zelt bietet Schutz vor der Außenwelt. Darin liegt wohl auch die Faszination des Zeltens. Allerdings hat dies wenig mit dem Leben einer Nomadensippe zu tun. Abraham und Sara waren mit ihrer Sippe aus Ur in Richtung Kanaan aufgebrochen. Zunächst ließen sie sich in Haran, einer babylonischen Tempelstadt, nieder. Doch Abrahams Sippe verehrt nicht die vielen Götter dort, sondern hört allein auf den unsichtbaren Gott. So ist das Zelt auch hier ein Schutz vor der Außenwelt.

Abraham und Sara vertrauen der vierfachen Verheißung Gottes: Schutz, Nachkommenschaft, Land und Volkwerdung! Als sie das verheißene Land erreichen, nehmen sie es nicht in Besitz, sondern ziehen weiter, denn die Erfüllung der Verheißung steht noch aus. Es steht viel auf dem Spiel durch Konflikte mit der Außenwelt um Weideplätze und Konflikte innerhalb der Sippe. Resignation macht sich breit. Doch Gott bekräftigt seine Verheißung. Abraham wird bei dem Blick auf das Himmelszelt mit den vielen funkelnden Sternen ins Staunen geraten sein. Eine Nachkommenschaft in der unzählbaren Fülle der Sterne verheißt ihm Gott. Ein weiter Weg mit vielen Aufbrüchen liegt noch vor Abraham und Sara. Wegbegleiter sind Neuanfang und Vertrauen.

Abraham gilt als ein Vorbild für das grenzenlose Vertrauen in den Unsicherheiten des Lebens. Seit seinem Aufbruch lebt er in der Spannung von Unsicherheit und Geborgenheit. Diese Spannung haben Kinder auch schon in Umbruchsituationen erlebt. Kindergarten- oder Schulwechsel, Umzüge, Krankheit, Geburt oder Tod eines Angehörigen oder Konflikte in der Familie lösen solche Gefühle bei ihnen aus. Andererseits sind sie neugierig, wollen die Welt entdecken und ihre eigenen Wege gehen. Auch in dem Bild des Zeltes ist dieser Doppelcharakter des Lebens wieder zu finden: Zum einen steht das Zelt für Schutz und Geborgenheit und zum anderen hat es immer auch etwas Vorläufiges und Behelfsmäßiges. Abraham unter dem Himmelszelt ist ein schönes Bild für Gottes Schutz in unseren Lebenssituationen.

Liturgische Gestaltung

Zusammenkommen – sich Gott zuwenden

Geborgenheit und Schutz können uns für den Alltag stark machen. Abraham lebte sein Leben unter Gottes Schutz und hatte bei ihm ein Zuhause gefunden.

Ein **Gebet nach Psalm 84** *begleitet uns in den Gottesdiensten dieser Reihe.*

Alle: Herr, wie schön ist es bei Dir zuhause zu sein.
Ich freue mich daran und sehne mich danach.
Eine(r): Der Vogel hat ein Zuhause gefunden,
die Schwalbe hat ein Nest für ihre Jungen bekommen.
Alle: Herr, wie schön ist es bei Dir zuhause zu sein.
Ich freue mich daran und sehne mich danach.
Eine(r): Alle, die bei Dir wohnen, sind glücklich.
Sie loben Dich den ganzen Tag.
Alle: Herr, wie schön ist es bei Dir zuhause zu sein.
Ich freue mich daran und sehne mich danach.
Eine(r): Glücklich können alle sein,
die durch Dich stark werden und Dir nachfolgen.
Alle: Herr, wie schön ist es bei Dir zuhause zu sein.
Ich freue mich daran und sehne mich danach.
Eine(r): Wenn sie durch Wüsten wandern, brechen Quellen auf.
Bei Dir bekommen sie Kraft und Ruhe.
Alle: Herr, wie schön ist es bei Dir zuhause zu sein.
Ich freue mich daran und sehne mich danach.
Ich will bei Dir wohnen. Amen.

Hören und Antworten

Leben unter Gottes Zusage ist ein zentrales Thema dieser Gottesdienstreihe. Doch wir bringen viel mehr mit: Trauer und Freude, Angst und Geborgenheit, Lachen und Tränen, Stärke und Schwäche ...
Im Gottesdienst legen wir alles vor Gott. Dies geschieht bildhaft, in dem jedes Kind (und natürlich auch die MitarbeiterInnen) seinen ***Stimmungsvogel*** in einer Schale vor dem Altar ablegt.
Der *Stimmungsvogel* wird aus Tonkarton und Musterklammern gebastelt. Der Tonkarton sollte aus ganz verschiedenen Farben sein. Die Einzelteile sind einfache geometrische Formen (Ovale, Tropfen, Rechtecke, Rauten und Dreiecke). Nach dem letzten Gottesdienst darf jedes Kind seinen *Stimmungsvogel* mit nach Hause nehmen.

Sendung – Segen

Gottes Segensverheißung wird bei Abraham mit Aufbruch, Unterwegssein, Neubeginn und Vertrauen verknüpft. So erbitten wir Gottes Segen in der Gemeinschaft mit Abraham und Sara:

Gott, Dein guter Segen

Der Gott Abrahams und Saras gehe vor dir her, um dir den Weg zu zeigen.
Gott sei hinter dir, um dir den Rücken zu stärken und dich zu schützen.
Gott sei neben dir auf deinem Weg wie ein guter Freund.

Gott sei in dir und mache dein Herz ganz weit, damit du andere lieben kannst.
Der Segen Abrahams und Saras sei mit dir auf allen deinen Wegen.
Amen.

Text: Reinhard Bäcker; Musik: Detlev Jöcker; aus: Das Liederbuch zum Umhängen 1,

Kurzgeschichte

Am ersten Sonntag kann diese Kurzgeschichte als Einführung des Motivs (Sternen-)Zelt dienen.

Eine besondere Überraschung

Es war der letzte Freitag vor den Sommerferien. Die Kinder in Frau Beckers Klasse waren so aufgeregt, dass an Unterricht nicht mehr zu denken war. Heute hatten sie etwas ganz Besonderes vor: Die ganze Klasse würde an den Rhein radeln, dort ein Lagerfeuer machen und dann im Zelt übernachten. Frau Becker hatte alles gut vorbereitet. Es gab genug Zelte. Einige Eltern würden am Abend Salate, Brot und Würstchen vorbei bringen. Und dann ..., ja dann sollte es noch eine Überraschung geben. Anna und Sabine überlegten sich auf dem Heimweg, was das wohl sein könnte? »Vielleicht machen wir ja noch eine Nachtwanderung? Das hat mein Bruder auch mit seiner Klasse gemacht«, meinte Sabine. »Nein, das glaube ich nicht!«, erwiderte Anna. »Denn dann brauchten wir ja nicht mit dem Fahrrad an den Rhein zu fahren. Wir könnten ja dann gleich in den Wald gehen, weil es dort so schön gruselig ist. Hihi ...«

Sabine dachte darüber einen Augenblick nach: »In jedem Fall sollten wir aber Taschenlampen mitnehmen, man weiß ja nie!« Am Nachmittag ging es endlich los. Manche Fahrräder waren so sehr beladen, als ob sie für mehrere Wochen wegfahren wollten. So waren einige Kinder schon total müde, als sie an ihrem Ziel ankamen. Die Eltern warteten bereits. Und bald brannte ein Lagerfeuer. »Los, lasst uns die Würstchen und Stockbrot braten«, rief Sebastian und stürmte los. Doch Frau Becker hielt ihn auf: »Halt, halt! Zuerst werden die Zelte aufgebaut. Wenn es erst einmal dunkel ist, klappt das nicht mehr. Und ihr wollt ja nicht im Freien übernachten, oder?« »Uns macht das nichts. Aber bestimmt den Mädchen«, meinten einige Jungen und fanden dies total lustig. Doch es half nichts. Die Zelte wurden aufgebaut.

Das Lagerfeuer brannte herunter. Alle hatten ganz viel gegessen und dabei gar nicht bemerkt, dass es schon dunkel geworden war. Die Eltern fuhren ab. Langsam wurde es ruhiger. Einige Kinder gähnten, obwohl sie doch noch nicht müde waren. Frau Becker las noch eine Gute-Nacht-Geschichte vor. Das war nichts für Babys, denn es war eine Gruselgeschichte. Dann sollten alle in ihre Schlafsäcke in den Zelten schlüpfen. Es war kühl geworden, denn das Feuer war erloschen. In den Zelten wurde noch getuschelt. Und die Überraschung? Ja, was war denn nun mit der Überraschung?

Plötzlich wurden die Mädchen ganz unruhig. »Hast du das auch gehört?«, fragte Sabine ihre Freundin Anna. »Nee, gehört habe ich nichts. Doch guck mal da ...«, Anna zeigte auf die Zeltwand. Kleine Lichtpunkte schienen draußen zu tanzen. Mal wurden sie größer, dann wieder kleiner. Den Mädchen war ganz unheimlich. Wie gut, dass sie im Zelt waren, denn da draußen mochten sie nicht sein. Es war doch gut, so einen Schutz um sich zu haben. Sie krochen ganz tief in ihre Schlafsäcke, wagten kaum zu atmen und starrten an die Zeltwand. Dann hörten sie ein ganz komisches Gejaule. Waren das vielleicht Wölfe? Auch war ein klägliches Rufen nach Frau Becker aus dem Jungenzelt zu hören. Dabei wollten die doch vorhin sogar im Freien übernachten. Nun klang das aber

nicht sehr mutig. Jetzt würden sie es den Jungen einmal zeigen! Anna, Sabine, Eva und Christin krochen aus ihren Schlafsäcken, schnappten sich ihre Taschenlampen und öffneten ganz vorsichtig den Reißverschluss ... Zuerst wurden sie geblendet. Dann blieb ihnen der Mund vor Staunen offen stehen. Draußen stand die ganze 4B! Frau Becker stand bei ihnen und lachte: »Na, da war euch doch ein bisschen unheimlich, was? So nach der Gruselgeschichte! Also dieser Besuch ist die Überraschung! Die Viertklässler werden auch hier übernachten. Und als Gastgeschenk haben sie für alle Eis mitgebracht.« Bald saßen alle Kinder am Flussrand, leckten ihr Eis und staunten über die vielen Sterne am Himmel, die man hier in der Dunkelheit viel besser als in der Stadt sehen konnte.
»Irgendwie sieht der Sternenhimmel auch wie ein Zelt aus – eben ein Sternenzelt«, meinte Anna versonnen.

Doris Dirwald

Kreative Ideen

Der Kindergottesdienst-Himmel
Ein großes blaues Tuch wird an der Decke oder an der Wand aufgehängt. Aus gelbem Tonpapier werden Sterne ausgeschnitten. Auf diese Sterne wird geschrieben, wo wir in der vergangenen Woche gute Begleitung und Schutz erfahren haben.
Von Gottesdienst zu Gottesdienst leuchtet unser »Kindergottesdienst-Himmel« heller.

Segenssterne
Am Himmel sehen wir in klaren Nächten leuchtende Sterne, wie Abraham und Sara. Sie sind so zahlreich, dass wir sie nicht zählen können.
Aus Papier basteln wir einfache Faltsterne. In deren Mitte wird ein Segenswort geschrieben. Diese Sterne werden dann in einem Korb gesammelt. Nach dem Segen darf sich jeder einen Stern aussuchen und mit nach Hause nehmen.

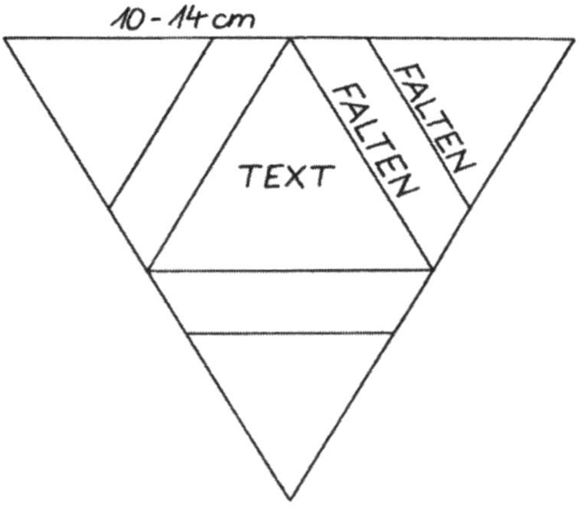

Zeichnung: Quelle unbekannt

Geborgen unterm Himmelszelt

Wir besorgen uns einen Fallschirm oder ein Schwungtuch. Alle stehen im Kreis und halten den Fallschirm fest. Der Fallschirm wird nach oben geschwungen. Dies muss ganz gleichmäßig geschehen, denn nur dann entsteht ein »Himmelszelt«! Auf Zuruf (Alle Kinder mit blauen Augen – alle Kinder mit braunen Haaren – alle Kinder, die 5 Jahre alt sind – ...) können einige Kinder unter das Zeltdach laufen.

Abraham-Lied

Zu dem Lied von Abraham wird an jedem Gottesdienst eine weitere Strophe zugefügt, die die Geschichte des jeweiligen Sonntags zusammenfasst.
Nach der jeweiligen Erzählung »dichten« wir gemeinsam: *Habt ihr schon gehört ...*

Text: Joachim Kreiter, Melodie: Jan Witt

2. Habt ihr schon gehört das Gotteswort:
Zieh aus deiner Freundschaft fort!
Ich will segnen, die dich segnen,
strafen, die dir schlecht begegnen.
Ist dein Nam' auch arm und klein,
soll allem Volk doch zum Segen sein.

Stichworte:
Abraham, Sara, Segen, Weg, Begleitung, Zelt, Himmel, Zusage, Stern

Karl-Heinz Dirwald

Sommerkrimi im Palast – David

07.07.2013
(6. Sonntag nach Trinitatis)
Der böse Geist im Palast
(1 Samuel 16,14+18,5–16)

14.07.2013
(7. Sonntag nach Trinitatis)
Geheime Botschaften
(1 Samuel 19,8–17)

21.07.2013
(8. Sonntag nach Trinitatis)
Schrecken im Morgengrauen
(1 Samuel 20,1–23)

28.07.2013
(9. Sonntag nach Trinitatis)
In der dunklen Höhle
(1 Samuel 24,1–23)

David genießt als Kämpfer und Musiker zunächst großes Vertrauen beim König Saul. Doch als das Ansehen dieses »zweiten Mannes« bei den Israeliten steigt und sogar die Frauen in der Stadt aus Freude über Davids Erfolg singen und tanzen, steigt auch die Eifersucht bei König Saul an gegen den, bei dem sich scheinbar alle Tugenden vereinen und der scheinbar alles kann – nicht nur gut kämpfen, sondern auch gut musizieren: »Als nun Saul sah, dass David alles so gut gelang, graute es ihm vor David.« Und Saul beginnt, David vernichten zu wollen.
Doch die Kraft der Musik (im Harfenspiel) und die Treue der Freundschaft (von Michal und Jonathan) bewahren David zunächst davor, sich auf dieses Spiel von Eifersucht und Rache einzulassen.
Und so wurden viele Gebete und Lieder in der Bibel, die sogenannten Psalmen, mit der Überschrift »Ein Lied Davids« versehen. Es sind Lieder, in denen die Menschen Gott ihr Leid klagen und für ihr Leben danken, Gott bitten und loben. Diese Erfahrung der Nähe Gottes, dieses Sich-Geborgen-Wissen in Gott gibt (nicht nur David) die Kraft, dem anderen mit Achtung und Liebe zu begegnen. So ruft David dem Saul in der Höhle von En-Gedi zu: »Ich habe dich verschont, denn ich dachte: Ich will meine Hand nicht an meinen Herrn legen, denn er ist der Gesalbte Gottes.«

Liturgische Gestaltung

Die folgenden liturgischen Bausteine nehmen auf, dass David, der als Harfenspieler an den Hof geholt wurde, viele Psalmen der Bibel zugeschrieben wurden – Gebete, die einen festen Platz am Anfang des Gottesdienstes haben.

Zusammenkommen – sich Gott zuwenden

Gebet zum Anfang nach Psalm 34

Wir stimmen ein in ein Lied Davids
und sprechen den Kehrvers gemeinsam:
Kehrvers: Wir wollen Gott loben Tag für Tag.
Wir wollen ihm danken, dass er bei uns ist.

Ich will Gott loben zu jeder Zeit,
ich will nie aufhören, ihm zu danken.
Was er getan hat, will ich herausrufen,
damit es jeder hört und sich freut.
Kehrvers: Wir wollen Gott loben Tag für Tag.
Wir wollen ihm danken, dass er bei uns ist.

Als ich um Hilfe rief, hörte mich Gott
und er antwortete mir.
Als ich allein war, suchte ich Gott
und er nahm mir alle Angst.
Kehrvers: Wir wollen Gott loben Tag für Tag.
Wir wollen ihm danken, dass er bei uns ist.

Gott ist gut zu uns,
glücklich sind alle, die zu ihm gehören.
Wer ihm gehorcht, kennt keine Not.
Gottes Engel umgeben uns.
Kehrvers: Wir wollen Gott loben Tag für Tag.
Wir wollen ihm danken, dass er bei uns ist.

Wir kommen zu Dir, Gott,
Du machst unser Herz froh.
Danke, dass Du unsere Töne hörst,
Dir wollen wir unsere Lieder singen, wie David es damals tat.
Kehrvers: Wir wollen Gott loben Tag für Tag.
Wir wollen ihm danken, dass er bei uns ist.
Amen.

Hören – Antworten

Was mir Angst macht – was mir Mut macht

(Hinführung vor der Erzählung für jeden Sonntag der Reihe)

In der Mitte liegen Orff-Instrumente (Glockenspiel, Xylophon, Trommel, Klangstäbe, Triangel etc.) auf einem Tuch. Die Kinder nennen, was ihnen Angst macht und schlagen dafür einen tiefen Ton eines Instrumentes an. Anschließend nennen sie, was ihnen Mut macht und schlagen dafür jeweils einen hohen Ton eines Instrumentes an. Dazu singen die Kinder das Lied »Wenn Gott mich füllt mit seinem Geist, wie David singe ich …« (KG 164)

David – Lied

(für jeden Sonntag der Reihe und zur Kurzgeschichte)

1. David war ein Hirte, jeder mag ihn gern.
   An dem Königshofe er hört auf Gott, den Herrn – hört auf Gott, den Herrn.
2. Lieder hört man singen, David dichtet viel
   spielt auf seiner Harfe, Gott loben ist sein Ziel – loben ist sein Ziel
3. Von dem alten König wird er bald bedroht,
   Michal und auch Jonathan, die helfen in der Not – helfen in der Not.
4. Zwischen Fels und Höhlen ist David nicht allein.
   Gott hat ihm versprochen, ganz nahe da zu sein – nahe da zu sein.

Ein empfehlenswerter **Erzählvorschlag** genau passend zu den ausgewählten Bibelstellen findet sich in *Matthias Morgenroth: Sternenfänger in dunkler Nacht. Von biblischen Abenteurern, München 2005, S. 145–161.*

Kurzgeschichte

David wurde an den Hof des schwermütigen Königs Saul geholt, um seine Stimmung zu verwandeln, ihn wieder zurück in das aktive Leben zu holen.
Schon Kinder kennen das: Musik kann unsere Stimmung verwandeln. Diese Erfahrung nimmt ein Dialog zwischen einer ***Mutter*** *(KiGo-Mitarbeiter/in = M)* ***und Lucy*** *(Handpuppe = L) auf (Handpuppe: www.living-puppets.de).*

Lucy sitzt müde auf einem Stuhl.
(M) Na, Lucy, du hast wohl heute zu gar nichts Lust.
(L) *Lucy schaut kurz auf.* Nee.
(M) Soll ich Dir den CD-Spieler anmachen?
(L) Nee, das ist mir zu laut.
(M) Magst du, dass wir etwas zusammen spielen?
(L) Nee, da verlier ich immer.
Mutter setzt sich neben Lucy.
(M) Ja, dann weiß ich auch nichts.
Lucy und Mutter sitzen schweigend nebeneinander.
Nach einer Weile beginnt die Mutter, gedankenlos irgendeine Melodie vor sich hin zu summen, sie mündet ein in die Melodie des Davidliedes »David war ein ...«
(L) Hey, das Lied kenne ich.
(M) Welches Lied?
(L) Ja das, das du eben gesummt hast.
(M) Ich hab' einfach so vor mich hin gesummt und gar nicht gemerkt, was ich eigentlich gesummt habe. Das Davidlied.
(L) Sing mal lauter.
Die Mutter summt lauter und beginnt dann die erste Strophe zu singen. Lucy setzt sich aufrecht und freut sich. Die Mutter hört auf zu singen.
(L) Sing weiter!
Die Mutter singt die zweite Strophe. Lucy stimmt ein.
(L) ... loben ist sein Ziel.
Dann singen beide die dritte und vierte Strophe.
(L) Und jetzt will ich, dass wir noch einmal das ganze Lied singen!
Lucy und die Mutter werden bei jeder Strophe lauter und lachen sich bei der jeweils zu wiederholenden Zeile an, dann nehmen sie Instrumente dazu und schlagen im Takt. – Die Mutter schreckt auf und schaut auf die Uhr.
(M) Au weia, ich muss ja den Moritz abholen. Jetzt haben wir schon über eine Stunde gesungen und ich hab gar nicht gemerkt, wie spät es ist.
(L) Macht gar nichts. Du kannst ihn holen. Ich mach weiter Musik.
(M) Tschüss bis gleich!
Lucy holt sich weitere passende Instrumente und spielt zur 2. Strophe.

Zum 6. und 7. Sonntag nach Trinitatis: Harfe und Davidbild

Die Kinder bauen sich eine einfache Harfe

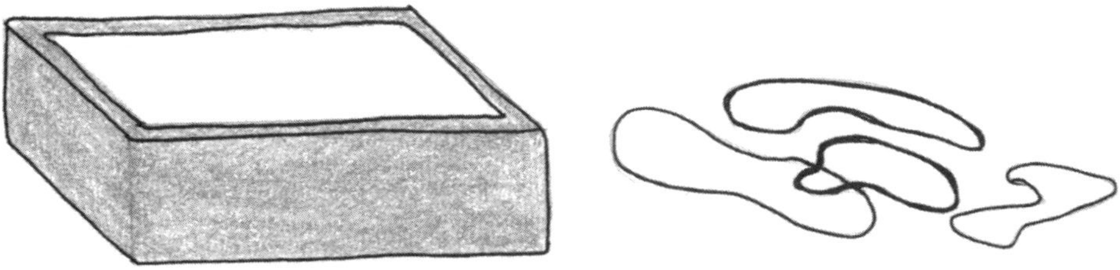

Zeichnung: Gudrun Luise Helm

Material:
kleine! offene Holzkiste oder stabile Pappschachtel und Gummibänder in verschiedenen Längen und Stärken (Bezugsquelle Holzkisten: Künstlerbedarf oder Baumarkt)

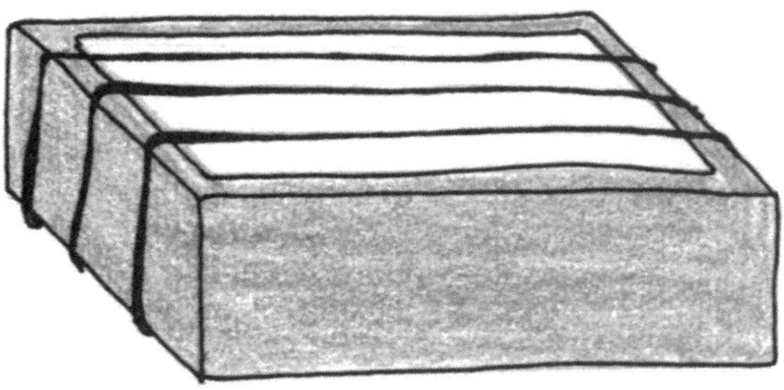

Zeichnung: Gudrun Luise Helm

Anleitung:
Die Gummibänder werden so über die Holzkiste/Pappschachtel gezogen, dass sie gespannt sind. Dünne und kürzere Gummibänder werden oben aufgezogen (sie klingen höher), dicke und längere Gummibänder werden unten aufgezogen (sie klingen tiefer). Durch das Zupfen an den Gummibändern erklingen unterschiedliche Töne. Dabei muss die Holzkiste/Pappschachtel fest auf dem Tisch stehen. Die Harfe kann am zweiten Sonntag mit Acrylfarben bunt bemalt werden (Achtung: Saiten vorher abziehen).

Alternative:
Die Kinder *bauen gemeinsam eine große Harfe* für den Kindergottesdienst.

Material:
offene Holzkiste (20 cm x 30 cm oder größer), Gummibänder in verschiedenen Längen und Stärken, Schrauben, Bohrer

Anleitung:
In die gegenüberliegenden Kanten der Holzkiste werden rechts und links die gleiche Anzahl Löcher gebohrt (entsprechend der Anzahl der Gummi-Saiten, die aufgezogen werden sollen). Anschließend werden von der einen zur jeweils gegenüberliegenden Schraube die Gummibänder befestigt (dünne/kürzere Gummibänder oben, dicke/längere Gummibänder unten).
Für Profis: Statt der Gummibänder kann auch Draht in verschiedenen Stärken benutzt werden, der fest mit den Schrauben verdreht wird. Und dann anmalen.

Ausmalbild David als Harfenspieler
Durch die kreativen Anregungen werden für die Kinder zwei Aspekte aus der Reihe besonders greifbar: Gott schenkt uns Ausdrucksmöglichkeiten, mit denen wir unsere Traurigkeit oder Trägheit lindern können. Wie David erleben wir beim Singen und Musizieren, dass Töne unsere Stimmung verwandeln und uns neuen Lebensmut schenken. Und: wir dürfen darauf vertrauen, dass Gott bei uns ist – an jedem Ort. Manchmal spüren wir das sogar durch Freunde, die uns zur Seite gestellt sind (so wie Jonathan und Michal für David). Das macht uns stark, der Eifersucht und den Rachegelüsten die Liebe und das Verzeihen entgegenzusetzen.

Zeichnung: Gudrun Luise Helm

Zum 8. und 9. Sonntag nach Trinitatis: Freundschaftsband mit Zuspruch

Zeichnung: Gudrun Luise Helm

Material:
Leder, Edding Stärke F, dicke Nadel, dicke Wolle

Anleitung:
für jedes Kind Lederstücke auf 1,5 cm x 2,5 cm schneiden, mit Edding DU BIST BEI MIR aufschreiben. Rechts und links in das Lederstück Löcher einarbeiten. Einen Wollfaden durch beide Löcher ziehen, so dass das Lederstück in der Mitte ist. In das rechte Loch einen zweiten Wollfaden einziehen und in das linke Loch einen dritten Wollfaden einziehen, so dass an beiden Enden jeweils drei Fäden sichtbar sind. Die Fäden rechts und links passend flechten.

Stichworte:
David, Saul, Lieder, Psalmen, Musik, Harfe, Freundschaft, Stimmung, Freundschaftsband

Gudrun Luise Helm

Wir feiern Gottes Schöpfung

04.08.2013
(10. Sonntag nach Trinitatis)
Im Paradies
(1 Mose 2,4–15)

11.08.2013
(11. Sonntag nach Trinitatis)
Die Schöpfung
(1 Mose 1,1–2,4)

18.08.2013
(12. Sonntag nach Trinitatis)
Lob des Schöpfers
(Psalm 8)

Naturwissenschaftlich-technische, ökonomische und politische Gesetzmäßigkeiten erheben den Anspruch, die gesamte Wirklichkeit zu bestimmen. Diese *Grundtatsachen* des Lebens haben die Kinder immer mehr verinnerlicht – gleichzeitig können sie noch über Naturphänomene staunen. Aber sie wissen auch um die Bedrohung allen Lebens und kennen auch das Gefühl, behütet zu sein trotz der Bedrohung der Schöpfung. Ältere Kinder bringen aus der Grundschule das Wissen mit, dass Menschen für die Schöpfung Verantwortung tragen und sie wissen, wie man sich *eigentlich* gegenüber der Mitwelt verhalten sollte. Sie bringen aber immer mehr zum Ausdruck, dass man *ohnehin nichts ändern* könne. Achtung vor dem Leben, Ehrfurcht vor der Schöpfung und die Fähigkeit zu staunen und zu feiern darf nicht verloren gehen. In den Texten finden sich unterschiedliche thematische Schwerpunkte. Aber alle ausgewählten Texte sind Glaubenszeugnisse und keine wissenschaftlichen Welterklärungsversuche.
Schon die Menschen im Alten Orient deuteten die Entstehung der Welt und die sie umgebende Natur auf den Schöpfergott hin. Und auch wir Christen glauben, dass Gott die Welt erschaffen hat und er weiterhin in ihr schöpferisch tätig ist. Die Kinder sollen immer wieder die zentralen Aussagen des biblischen Schöpfungsglaubens erzählt bekommen: Gott ist der Schöpfer der Welt. Die Welt ist gut. Der Mensch ist nach Gottes Bild geschaffen. Wir Menschen tragen Verantwortung für diese Welt. Die Schöpfung ist vielfältig und schön und Gott ist dafür staunend zu loben.

Liturgische Gestaltung

Zusammenkommen – sich Gott zuwenden

Das Lied, verbunden mit den Tanzschritten, macht viel Spaß und lässt die Kinder Freude und Lob ausdrücken und sie auch ganz und gar spüren.

Laudato si mit Bewegungen (EG 515)

	Kinder fassen sich an den Händen
Laudato si,	*3 Schritte nach rechts (rechts beginnen)*
o mi signore,	*weitere 3 Schritte nach rechts*
laudato si,	*3 Schritte nach links (links beginnen)*
o mi signore,	*weitere 3 Schritte nach links (links beginnen)*
laudato si,	*3 Schritte vorwärts (rechts beginnen)*
o mi signore,	*3 Schritte rückwärts (links beginnen)*
laudato si,	*3 Schritte vorwärts (rechts beginnen)*
o mi signor.	*3 Schritte rückwärts (links beginnen)*
Sei gepriesen, Du hast die Welt erschaffen,	*Arme nach oben öffnen und wieder senken*
sei gepriesen für Sonne, Mond und Sterne,	*Arme nach oben öffnen und wieder senken*
sei gepriesen für Meer und Kontinente,	*Arme nach oben öffnen und wieder senken*
sei gepriesen, denn Du bist wunderbar,	*Arme nach oben öffnen und drehen*
Herr ...	*wieder an den Händen fassen und ...*

Psalmgebet »Hörst du das Lachen?«
nach Psalm 8

1.Gruppe: Hörst du das Lachen und Brabbeln,
das Schnattern und Tschilpen?
Hörst du das lustige Gebrumm und Gebell,
das muntere Plätschern vom Schlag der Flossen?

Alle: Ach, Gott, hörst du das Lachen?
Und jeder Ton buchstabiert
Deinen Namen in den Himmel,
Dein Name – ein Lied der Lebenslust.

2.Gruppe: Was ist all die Miesmacherei,
was ist das ganze Genörgel
gegen den Schrei eines Neugeborenen
und den Hopserschritt des kleinen Kindes?

1.Gruppe: Mit großen Augen betrachte ich den Mond,
ich bestaune das Funkeln der Sterne in klarer Nacht.
Aber viel toller noch sind die Augen,
die mich freundlich ansehen,
das Gesicht, das lächelt –
da vergesse ich alles um mich herum.

Alle: Ach, Gott, siehst Du das Funkeln?
Und jedes kleine Licht buchstabiert
Deinen Namen in die Nacht,
Dein Name – ein Lichtermeer der Lebenslust.

2.Gruppe: Wie viel Herrlichkeit hast Du uns anvertraut,
wie viel Schönheit vor unseren Auge ausgebreitet:

1.Gruppe: Die ungezählten Tiere, große und winzig kleine
– wir kommen aus dem Staunen nicht heraus!

Alle: Ach, Gott, siehst Du all die Fülle?
Und jedes kleine Teil buchstabiert
Deinen Namen in diese Welt,
Dein Name – ein Getümmel der Lebenslust.

2.Gruppe: Die Vögel, wie sie durch die Luft gleiten,
die Fische, zart schimmernd, oder groß und schnell,
und was sonst noch wimmelt im Meer.

1.Gruppe: Und dann der Mensch:
Du hast ihm Verstand gegeben,
um Deine Welt zu begreifen,
und Sinne, um all die Pracht zu erspüren.
Du hast ihm Gefühle gegeben,
Deine Liebe in all dem wahrzunehmen.

Alle: Ach, Gott, siehst Du all die Menschen?
Und jedes kleine Menschenkind
buchstabiert Deinen Namen in diese Welt,
Dein Name – ein Übermaß an Liebe.

Aus: Klaus Bastian: Halleluja, Gott, ich freue mich!, Hefte Nr. 8
Beratungsstelle für Gottesdienst, Frankfurt am Main 1996.

Sendung – Segen

Es bietet sich für mich ein Segenlied an, in dem die Thematik der Einheit sehr passend beschrieben ist: *Segne uns mit der Weite des Himmels ...* (KG 142). der Refrain kann mit passenden Bewegungen begleitet werden.

Kurzgeschichten

Zum 11. ***Sonntag nach Trinitatis*** *kann folgende Geschichte als Impuls zum Weiterdenken dienen.*

Endlich fertig!
Am Morgen des siebten Tages stand Gott auf und rief: »Guten Morgen, schöner Tag! Sechs Tage habe ich gearbeitet. Und weißt du, was ich jetzt tue? Nichts!« Ein Tag zum Nichtstun! Gott ruhte sich aus von seiner Arbeit und freute sich von morgens bis abends an dem, was er gemacht hatte: an Pflanzen und Tieren, an Land und Meer, am strahlend blauen Himmel, an dem die Sonne leuchtete und am Abend der Mond aufging und die Sterne funkelten. Und am Menschen, an dem hatte er seine besondere Freude! »Gar nicht so schlecht, so ein Ruhetag«, dachte Gott. »Da kommt man endlich mal zum Ausruhen, Nachdenken, zum Träumen, zum Freuen. Vielleicht sollte ich auch den Menschen so einen Tag gönnen? Wenn sie immer nur arbeiten, sorgen, tun und machen, dann können sie die wunderbare Welt gar nicht mehr genießen. Und eines Tages werden sie vergessen haben, dass ich das alles für sie gemacht habe.« Und so hat Gott den siebten Tag zu einem ganz besonderen, zu einem heiligen Tag gemacht. Niemand soll arbeiten an diesem Tag. Alle sollen sich freuen über die Schöpfung, über ihr Leben, über das Leben miteinander. Alle sollen sich freuen über Gott, der alles geschaffen hat und der am siebten Tag ausruhte von allen seinen Werken.

Aus: Margot Käßmann (Hg.): Fünf Minuten mit dem lieben Gott. 365 Andachten für Kinder und die ganze Familie, 4. Aufl., Neukirchener Verlagsgesellschaft mbH, Neukirchen-Vluyn 2011.

Zum 12. ***Sonntag nach Trininitatis*** *kann folgende Geschichte ein Gespräch mit den Kindern eröffnen.*

Herrlicher Name
In manchen Indianergeschichten haben die Leute immer so merkwürdige Namen. »Schneller Hirsch« heißen sie oder »schlauer Fuchs« oder »Die bis zum Abendrot gelangt ist«. Solche Namen sind immer sehr praktisch, denn man weiß gleich zu Beginn der Geschichte, wie dieser Indianer ist. Gott dagegen nennen wir oft nur Gott. Eigentlich schade! Der Liederdichter, von dem der Psalm stammt, hat im zweiten Vers einen besonders schönen Namen für Gott gefunden: Er benennt Gott als »Herr, unser Herrscher«. Er findet, das ist ein herrlicher Name mit einem herrlichen Klang. Mir fallen viele

herrliche Namen für Gott ein: »Der die Bäume wieder grün macht« oder »Der so viele verschiedene Blumen blühen lässt«. Oder wie wäre es mit dem Namen: »Der uns mit der Sonne warm die Haut streichelt«. Aber ich glaube, mein Lieblingsname ist: »Der kühle Seen gemacht hat, dass man kreischend hinein springen kann«.
Was ist dein Lieblingsname für Gott?

Aus: Margot Käßmann (Hg.): Fünf Minuten mit dem lieben Gott. 365 Andachten für Kinder und die ganze Familie, 4. Aufl., Neukirchener Verlagsgesellschaft mbH, Neukirchen-Vluyn 2011.

Kreative Ideen

10. Sonntag nach Trinitatis

Die Einheit wird im Sommer erzählt. Die Schöpfung kann in aller Pracht bestaunt werden, Bäume und Sträucher tragen Früchte, das Getreide ist reif. Warum nicht mit den Kindern einen Nutzgarten besuchen und den Gärtner von dem Leben im Garten erzählen lassen? Oder – schöner noch – selbst mit den Kindern einen kleinen **Schöpfungsgarten** anlegen. Denn der Garten Eden ist nicht das Schlaraffenland, sondern ein Nutzgarten. Damit wird deutlich: Gott schenkt uns, was wir zum Leben brauchen. Doch ist damit auch Arbeit verbunden.
Sicher kann dort auch etwas geerntet werden. Dann hätte man auch »richtig« Grund Erntedank zu feiern. Die geernteten Früchte des Nutzgartens und/oder mitgebrachtes Obst oder Gemüse werden auf den Altar gelegt und betrachtet. Die Vielfalt der Schöpfung liegt vor Augen, lässt sich anfassen und schmecken. Das Gotteslob wird gesprochen und gesungen. Es wird miteinander gegessen und gefeiert, z. B. mit selbstgemachtem Obstsalat oder einer Gemüsesuppe und frisch gebackenem Brot.

11. Sonntag nach Trinitatis

Die Schöpfung ist farbenfroh und kunterbunt. Da liegt es doch nahe, diese Vielfalt auch zu malen. Jedes Kind bekommt eine **Spiegelfliese**, wie man sie in jedem Baumarkt kaufen kann. Während die Schöpfungsgeschichte langsam z. B. aus einer Kinderbibel vorgelesen wird, dürfen die Kinder die Geschichte mit Fingerfarben auf der Spiegelfliese (nach-)malen. Dabei können sie ihrer Fantasie freien Lauf lassen. Die Geschichte lässt genug Raum dafür. Vor dem Malen haben die Kinder einen Klebepunkt von ca. 5 cm Durchmesser bekommen, den sie auf die Fliese kleben sollen (*möglichst nicht am Rand!*). Diesen Kreis sollen sie beim Malen frei lassen aber ansonsten darf alles bemalt sein.
Dazu den Boden gut mit Folie abdecken und ausreichend Haushaltstücher und Wasser zum Fingerreinigen vorhalten, z. B. um die Farben nicht zu vermischen. Wenn man am Schluss den Klebepunkt vorsichtig abzieht und das Bild betrachtet, können die Kinder sich auch selbst als Teil der Schöpfung entdecken. Dafür müssen sie den Focus vom Totalen zum Detail wechseln. Die Menschen haben eine besondere Aufgabe in Gottes

guter Schöpfung, die er ihnen zugedacht hat: Beschützer und Bewahrer der Welt zu sein! Was können wir dafür tun? Das ist eine gute Frage, über die mit den Kindern diskutiert werden sollte.

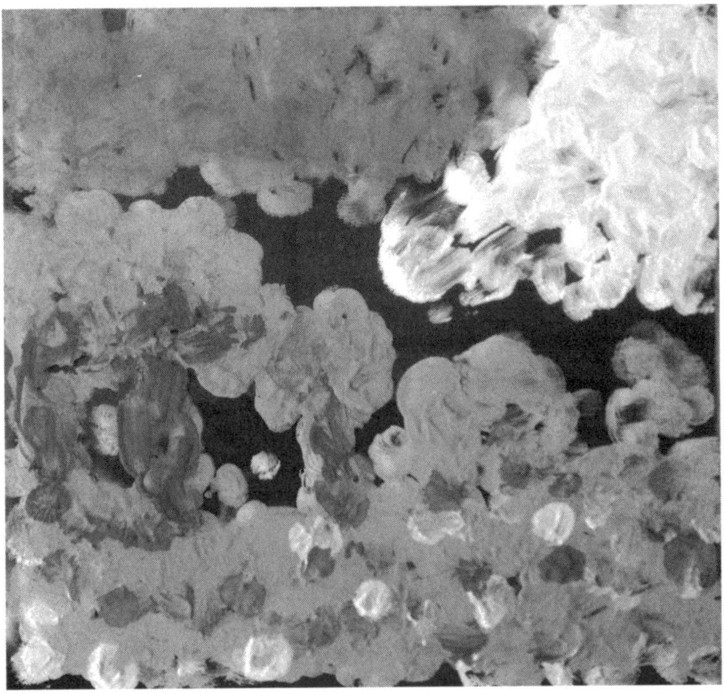

Foto: Uwe Huchthausen

Zum 12. Sonntag nach Trinitatis:

Der Psalm ist ein Loblied des Schöpfers, das aller Welt offenbar wird. Er verdeutlicht: Der Mensch gehört zu Gottes Welt, ausgestattet mit Herrschaft und Verantwortung über die ihn umgebende Schöpfung. Analog zur Kurzgeschichte denken sich die Kinder besonders schöne Namen für Gott aus. Daraus wird ein **Gotteslob-Mobile** gebastelt, das über den Gaben des Erntedankfestes schweben kann.

Schön wäre auch eine »Denk-mal-daran-Aktion«: die gefundenen Namen werden auch auf kleine Kärtchen geschrieben, vervielfältigt und allen GottesdienstbesucherInnen geschenkt.

Stichworte:
Schöpfungsglaube, Geborgenheit, Staunen und Loben, Verantwortung für die Schöpfung

Uwe Huchthausen

Wachsen wie ein Baum – Lasst uns leben

25.08.2013
(13. Sonntag nach Trinitatis)
Baum am Wasser – die Wurzeln
(Psalm 1,1–3)

01.09.2013
(14. Sonntag nach Trinitatis)
Feigenbaum – das Wachsen
(Lukas 13,6–9)

08.09.2013
(15. Sonntag nach Trinitatis)
Weinstock – die Frucht
(Johannes 15,5)

In der poetischen Sprache der Bibel ist ein Baum oft eine Metapher für einen besonderen Menschen bzw. ein Bildwort für eine besondere Beziehung zwischen einem Menschen und Gott. Biblische Erzählungen von Bäumen laden darum zu einem Perspektivwechsel ein: Betrachte im Baum mit Gottes Augen dein Leben und deinen Glauben. Bereits Kinder ab einem Alter von zwei Jahren lieben metaphorische Bilder und freuen sich, sie zu entdecken und zu ergründen.

Glücklich, ja selig preist Psalm 1 einen Menschen, der wie ein Baum am frischen Wasser in der Tora verwurzelt ist. Gottes Weisungen sind für ihn wie das frische, Leben spendende Wasser für einen Baum. Glück ist die erfahrbare Fülle des Lebens, die Gott einem Menschen schenkt, der in seinem Wort wurzelt.

Kinder brauchen Geschichten der Bibel als lustvolle Kraftströme für ihre Wurzeln. Dort finden sie Energie für ein glückliches Leben.

Der Feigenbaum im Gleichnis ist der häufigste Obstbaum in Israel. Er gehört als wichtiges Nahrungsmittel zur Agrarkultur des Landes wie auch zur Gartenkultur der Stadt. Bei guter Baumpflege sind drei Ernten pro Jahr möglich. Die dreijährige Fruchtlosigkeit führt zur Auseinandersetzung zwischen dem Besitzer und seinem Weinbergarbeiter. Die emotionale Identifikation mit der Angst um den Baum wandelt sich im Gleichnis überraschend zur Mitsorge, der unverhältnismäßig große Einsatz des Weinbergarbeiters für diesen einen mickrigen Baum (Düngung) möge gelingen. Jesus lädt zu einem Perspektivwechsel ein: Zur Teilnahme an der Hoffnung des Winzers für den Feigenbaum auch gegen den Augenschein.

Kinder brauchen solche Hoffnungsarbeiter, die sie als einzelnen Menschen wertschätzen und wahrnehmen, die sich für sie mit großer Energie und Fürsprache einsetzen und Wachstumspotenziale in ihnen sehen. Kinder brauchen Entwicklungsbegleiter im Leben.

Das christologische »Ich-bin-Wort« im Johannesevangelium steht ganz im Bildfeld der hebräischen Bibel. Nur zusammen bilden der Weinstock (König David/Christus) und die Reben (Volk Israel/Gemeinde) eine fruchtbare Allianz.

Ein Fruchtbringen losgelöst vom Weinstock ist nicht möglich. Das ist botanisches Grundwissen. Aus den Trauben wird ein Festgetränk.

Bleiben Kinder und Erwachsene an Jesus Christus gebunden, wird ihr Leben ein Fest und sie selbst zum *Fruchtzucker* der Erde.

In den Gottesdiensten werden die drei biblischen Baummetaphern und ihre Bedeutung für das eigene Leben gemeinsam entdeckt und gefeiert.

Liturgische Gestaltung

Zusammenkommen – sich Gott zuwenden

Baum-Psalm
An jedem Sonntag kommt eine weitere Strophe mit Bewegungen hinzu.
Jeweils eine Zeile mit Bewegungen vorsprechen.

1. Ich freue mich an einem Baum.	*Mit beiden Füßen auf den Boden stellen*
Er wurzelt fest im Grund,	*Beide Beine fest auf den Boden drücken*
und hebt sich mächtig in den Raum,	*Arme langsam zu einer Baumkrone heben*
an Stamm und Wuchs gesund.	*Krone leicht im Wind bewegen*

2. Er breitet schützend sein Geäst,	*Hände wie ein Dach über den Kopf*
verzweigt sich mehr und mehr.	*Arme verzweigen sich spielerisch*
Es ist um ihn ein grünes Fest	*Arme beschreiben Umfang der Krone*
von tausend Blättern her.	*Finger tanzen als Blätterspiel*

3. Ich senke mich in ihn hinein	*Still stehen und Augen schließen*
und bin Geschöpf wie er.	*Tief ein und ausatmen*
Ein Baum kann ein Geheimnis sein	*Leicht im Wind schwanken*
und Gottes Prediger.	*Augen öffnen und Arme zum Segen ausbreiten*

Text: Detlev Block, Bewegungen: Dirk Schliephake
Text gekürzt aus: Detlev Block: In deinen Schutz genommen. Geistliche Lieder, 4. Aufl., Vandenhoeck & Ruprecht, Göttingen 2001, © Detlev Block.

Das Gedicht kann auch gesungen werden nach der Melodie: Nun danket all und bringet Ehr, EG 322

Sendung – Segen

Ein schönes Baum-Bittlied um den Segen Gottes.
Vorschlag: Lied als Anrede singen: Wir bitten Gott um Deinen Segen

Text: © Jörg Zink, Musik: © Hans-Jürgen Hufeisen, © 1992 dolce musica edizione – Zürich

Hier wird nur die 1. von insgesamt 3 Strophen wiedergegeben.

Kurzgeschichte

Anna, ein Mädchen aus dem Kinderchor, darf wegen Stimmunsicherheiten nicht mit auf eine Konzertreise fahren. Eine ältere Mitsängerin erkennt die große Not und übt intensiv mit Anna. Schließlich darf Anna doch mitfahren. Gut, wenn es solche Entwicklungsbegleiter/innen gibt, die eine Stimme und damit einen Menschen zum Wachsen und zum Leben bringen.

Anna hatte sich so gefreut: Mit ihrem Kinderchor zu einer Konzertreise nach Prag! Schon Wochen vorher hatte sie ihren Koffer fertig gepackt. Ganz oben lag die schicke violette Chorbluse. Doch dann der Schock nach der Chorprobe am Montag. Herr Dubrich, der Chorleiter, rief Anna zu sich: »Du darfst leider nicht nach Prag mitfahren, Anna. Du bist in deiner Stimme noch viel zu unsicher. Du weißt, das ist ein wichtiger Chorwettbewerb. Nächstes Jahr bist du bestimmt dabei.«

Anna war wie erstarrt. Erst beim Gute-Nacht-Sagen erzählte sie alles ihrer Mutter. Beide waren tief enttäuscht und sehr traurig.
Am nächsten Morgen saß Anna in der Schulpause allein auf der Bank unter dem großen Lindenbaum. Sie wollte mit niemandem sprechen. Plötzlich setzte sich Clara neben sie. Die ging schon in die 8. Klasse. »Anna«, sagte sie, »ich gebe dir Gesangsunterricht. Ich will, dass du nach Prag mitkommst!«
Anna nickte nur und dann stand sie am Nachmittag bei Clara im Zimmer. Jeden Nachmittag übten sie alle Lieder für die Chorfahrt. »Du schaffst das, Anna«, sagte Clara immer wieder. »Du hast so eine starke Stimme.«
Dann kam die letzte Chorprobe vor der Konzertreise. Clara ging mit Anna zu Herrn Dubrich. »Anna möchte gerne vorsingen.« Herr Dubrich setzte sich ans Klavier und Anna sang so schön, wie noch nie in ihrem Leben.
Alle Chorkinder und Herr Dubrich applaudierten. »Du kommst doch mit nach Prag!«
Anna umarmte Clara. »Ohne dich, hätte ich das nie geschafft. Danke!«

Dirk Schliephake

Kreative Ideen

13. Sonntag nach Trinitatis

Damit das Leben glückt und gelingt brauchen wir die Verwurzelung in Gottes Weisungen und Verheißungen. Sie geben uns festen Halt und einen sicheren Stand. Martin Luther hat seinen Standpunkt vor dem Kaiser auf dem Reichstag in Worms auch gegen massive Bedrohungen vertreten: »Hier stehe ich – wie ein Baum verwurzelt in Gottes Wort der Schrift – ich kann nicht anders. Gott helfe mir. Amen!«

Wurzel – Lesezeichen mit Bibelwort
Zwischen zwei gleich großen Pappkarten (15 x 4 cm) werden braune Wollfäden geklebt. Die Fadenenden hängen unten ca. 7 cm heraus. Eine Kartenseite wird mit einem Bibelwort beschriftet, das Kraft, Energie, Mut oder Halt gibt. Eine Liste mit verschiedenen Bibelworten zum Aussuchen vorher anfertigen! Auf der anderen Kartenseite wird das Tetragramm des Gottesnamens geschrieben. Alternative: Wird die Karte laminiert, werden die Fäden durch ausgestanzte Löcher gezogen und fest verknotet.

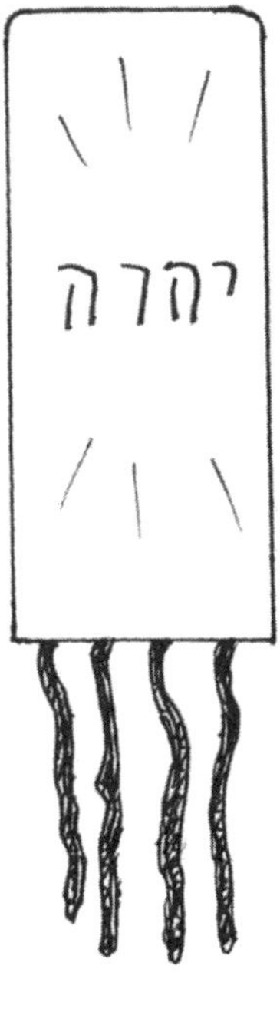

Zeichnung: Dirk Schliephake

Zum 14. Sonntag nach Trinitatis

Nur wenige Kinder kennen einen Feigenbaum und echte Feigen. Einen Korb mit getrockneten Feigen gemeinsam entdecken (fühlen – begreifen – schmecken) und ein Foto eines Feigenbaums in Israel (Internet) zeigen.

Hoffnungs-Feigenkuchen backen

Rezept Hoffnungs-Feigenkuchen

für 12 Personen

Zutaten: 125 g Süßrahmbutter, 250 g Honig, 4 Eier, 300 ml Milch, 420 g Vollkornmehl, 300 g getrocknete Feigen, 2 EL Essig, 1 TL Zimt

Butter mit 100g Honig cremig rühren. Eier, Milch und 400 g Mehl zufügen und zum Teig verarbeiten. Mit restlichem Mehl bestäuben, 10 Minuten in den Kühlschrank stellen.
180 g Feigen in der Küchenmaschine fein zermahlen und mit übrigem Honig, Essig und Zimt mischen. 3 EL Wasser mit der Feigenmischung 15 Minuten köcheln, dann abkühlen lassen. Mit eingeölten Händen die Hälfte des Teiges in eine eingefettete Backform geben. Die Füllung darauf glattstreichen. Mit dem restlichen Teig bedecken. Übrige Feigen in Scheiben schneiden und auf den Teig legen. Im vorgeheizten Backofen ca. 15 Minuten goldbraun backen (E-Herd: 200 °C, Umluft: 180 °C).

Zum 15. Sonntag nach Trinitatis

Weinstock – Parament gestalten

Für den Altar in der Kirche (ausmessen) oder den Kindergottesdienst-Altar wird ein Weinstock-Parament gestaltet. Auf grünen Stoff wird mit brauner Farbe ein Weinstock gemalt oder aus Stoff aufgeklebt. Von Kindern und Mitarbeitenden werden Portrait-Fotos per Fotoapparat oder Handy angefertigt und auf »Transfer-Bügelpapier« auf einem Drucker spiegelverkehrt ausgedruckt. Die Fotos werden in Rebenform ausgeschnitten und zu Weintrauben an den Weinstock aufgebügelt. Das geht alles sehr einfach und zügig.

Material:
Stoffe, Farben, Kleber, Handy, Drucker, Transferpapier, Bügeleisen, Bügelbrett

Zeichnung: Dirk Schliephake

Vielleicht wandert das Parament anschließend durch alle Gemeindegruppen und wächst weiter. Natürlich wird das Parament mit einem gemeinsamen Abendmahl in den Dienst genommen.

Stichworte:
Baum, Wurzeln, Frucht, Abendmahl

Dirk Schliephake

Ganz schön mächtig! – Wundergeschichten bei Markus

15.09.2013
(16. Sonntag nach Trinitatis)
Jesus stillt den Sturm – beruhigende Macht
(Markus 4,35–41)

22.09.2013
(17. Sonntag nach Trinitatis)
Jesus heilt den Besessenen – befreiende Macht
(Markus 5,1–20)

29.09.2013
(18. Sonntag nach Trinitatis)
Jesus öffnet dem Taubstummen Mund und Ohren – heilende Macht
(Markus 7,31–37)

06.10.2013
(19. Sonntag nach Trinitatis/Erntedank)
Jesus sättigt 4000 Menschen – helfende Macht
(Markus 8,1–10)

Jesus ist »ganz schön mächtig«, er zeigt in seinem Handeln immer wieder die Liebe Gottes zu uns Menschen – oder besser: Da wirkt *Gott selbst* in ihm.
Mit »Macht« verbinden die Kinder oft Gewalt, und deshalb macht »Macht« auch Angst. Doch Jesu Macht ist Kraft. Er beruhigt, befreit, heilt und hilft. Theologisch sprechen wir von »Jesu Wundergeschichten«. Meistens wird in diesen Geschichten auch das große Vertrauen der Menschen weitererzählt, dass Jesus ihnen mit seiner »Macht« auch helfen kann und eben *Wunder* vollbringt.

Die kreative Idee kann zu allen Geschichten eingesetzt werden: Die Kinder sollen mit den Stabfiguren aktiv an der Erzählung teilnehmen und können somit mit-erzählen und mit-erleben. Einzelne Ideen als Einstieg an den verschiedenen Sonntagen wollen die Sinne der Kinder ansprechen. Ein gemeinsamer liturgischer Anfang und Schluss für alle Kindergottesdienste runden die Einheit ab.

Liturgische Gestaltung

Zusammenkommen – sich Gott zuwenden

Eingangspsalm mit Kehrvers
(nach dem Kehrvers wird einmal in die Höhe gehüpft)

Eine/r: »Ich danke Dir, Gott!
Alle: Wir danken Dir, Gott, mit allen, die springen vor Freude.

Eine/r: Herrliches hat Gott getan an allen seinen Kindern.
Sie haben erfahren: Groß sind seine Wunder!
Ich danke Dir, Gott!

Alle: Wir danken Dir, Gott, mit allen, die springen vor Freude.

Eine/r: Gott sorgt für die Seinen: Er gibt ihnen Brot;
er beschenkt sie, er steht ihnen bei.
Auf ihn ist immer Verlass.
Ich danke Dir, Gott!

Alle: Wir danken Dir, Gott, mit allen, die springen vor Freude.

Eine/r: Gott will ich loben; ihm will ich trauen.
Klug sind die Menschen, die das erkennen und tun.«
Amen.

Aus: J. Koerver./G. Mohr/A. Weidle (Hg.): Sagt Gott, wie wunderbar er ist,
Rheinischer Verband für Kindergottesdienst, Stuttgart 1990, S. 64, www.kindergottesdienst.org

Sendung – Segen

Wir stehen im Kreis und singen das Lied »Gottes Liebe ist so wunderbar ...« (KG 146), dann reichen wir uns die Hände und sprechen den Segen einander zu (die einzelnen Sätze werden vorgesprochen und von allen wiederholt). Danach singen wir nochmals das Lied.

Segen:
Gott stärke dich.
Gottes Liebe erfülle dich.
Geh deinen Weg in Zuversicht und Freude. Amen.

Kurzgeschichte

Was kann heute im Alltag der Kinder als »Wunder« bezeichnet werden? Als Einstieg in die ganze Einheit oder als Geschichte für den Erntedanksonntag kann diese Geschichte von Gudrun Pausewang eingesetzt werden. Sie ist hier gekürzt wiedergegeben.

Das Wunder

»Seht ihr Willi im roten Pulli zwischen seinen Freunden? Sie spielen auf dem Hof eines fünfstöckigen Häuserblocks, mitten in einer großen Stadt. Hier wohnen achtunddreißig Familien und Willis Vater ist der Hausmeister. Der Hof ist mit Steinplatten ausgelegt. Grünes wächst hier nur in Blumentöpfen. Willis Urgroßmutter lebt weit weg von der

Stadt in einem alten Bauernhof. Hier haben schon ihre Eltern und Großeltern und Urgroßeltern gelebt. Sie ist vierundachtzig Jahre alt, aber sie hilft noch bei allen Arbeiten mit. Sie arbeitet fast jeden Tag im Garten, auf der Wiese, auf den Feldern. Oft denkt sie an Willi. Sie hat ihn noch nie gesehen. Zu Willis sechstem Geburtstag entschließt sie sich, ihn zu besuchen. Fünf Stunden lang muss sie im Zug reisen, bis sie in Willis Stadt ankommt. Das ist eine große Sache für sie! Der Vater und Willi holen sie vom Bahnhof ab. Willi wundert sich, denn sie trägt ein Kopftuch und dicke wollene Strümpfe. Sie bringt einen Korb voller Eier und Speck mit und Gläser mit eingemachten Kirschen.
Für Willi hat sie noch ein besonderes Geburtstagsgeschenk: ein Tütchen mit braungelben Dingern, kaum so groß wie Willis Daumennagel. »Was ist denn das?«, fragt Willi. »Junge«, ruft die Urgroßmutter, »du wirst doch wohl erkennen, dass das Samenkörner sind!« Aber Willi hat noch nie Samenkörner gesehen.
»Die steckt man in die Erde«, erklärt die Urgroßmutter, »und sorgt dafür, dass die Erde feucht ist. Dann werden Pflanzen daraus. Dies ist kein gekaufter Samen, sondern selbst gezogener aus meinem Garten. Was für Pflanzen es werden, verrate ich dir nicht. Das soll eine Überraschung sein.« »Aber wir haben ja keine Erde hier«, sagt Willi traurig.
»Was ist das für eine Welt, in der es keine Erde gibt!«, ruft die Urgroßmutter bekümmert.
»Wir tun die Samenkörner eben in einen Blumentopf«, sagt die Mutter. »Blumenerde gibt es ja zu kaufen.« »Mit diesem Samen geht das nicht«, meint die Urgroßmutter. »Warum, das werdet ihr selber bald sehen. Aber wenn er nicht bald in die Erde kommt, wird nichts mehr daraus. Ihr könnt einem schon leid tun, hier in der Stadt.«
Nach zwei Tagen reist die Urgroßmutter wieder heim. Willi geht mit dem Samentütchen herum und lässt alle Kinder aus dem Häuserblock hineinschauen.
»In den Dingern ist ein Wunder drin«, erklärt er. »Wenn man sie in die Erde legt, kommen richtige Pflanzen aus ihnen heraus.« »Glaub ich nicht«, sagt die kleine Mia aus dem Hinterhaus. »Wenn ich nur Erde hätte!«, ruft Willi. »Dann könnte ich dir's beweisen.« Er schaut sich um. Kein bisschen Erde ist zu sehen. Aber mitten auf dem Hof ist eine Platte locker. Mit großer Mühe hebt er sie heraus. Nachdem er den Zement aus den Fugen gekratzt hat, kann er auch noch eine zweite und dritte und vierte Platte herauslösen. Aber darunter ist keine Erde, nur Sand. Willi gibt nicht auf. Er holt eine alte Kohlenschippe aus dem Keller und schaufelt den Sand aus dem Loch. Unter dem Sand ist Erde. Willi tanzt vor Freude um das Loch herum und ruft den Vater. »Bist du verrückt, Junge?«, schimpft dieser. »Was wird der Hausbesitzer sagen?« »Aber ich brauche doch Erde für meinen Samen«, klagt Willi. Da steht der Vater eine Weile stumm vor dem Loch und sagt dann: »Na ja. Wenn er's nicht erlaubt, müssen die Platten eben wieder rein.« Da springt Willi an seinem Vater hoch und küsst ihn vor Freude auf die Nase.
»Aber in dieser Erde wird nicht viel wachsen«, sagt der Vater. »Purer Lehm. Den musst du erst auflockern – so tief, wie dein Arm reicht.« Den ganzen Nachmittag müht sich Willi mit seiner Schippe. Der Vater hilft ihm dann noch mit ein paar Spatenstichen. »Jetzt muss der Lehm mit Blumenerde gemischt werden«,sagt er und gibt Willi zwei Zweimarkstücke. Willi läuft in den Supermarkt und holt eine große Tüte Blumenerde.
Am nächsten Morgen mischt Willi die Blumenerde unter den Lehm. Der Vater wirft noch drei Schippen voll Sand dazu. »Sand hält die Erde locker«, sagt er. Jetzt ist kein Loch mehr da, sondern ein richtiges Beet.
Und dann kommt der feierliche Augenblick: Willi steckt die Samenkörner in die Erde. Ein paar Kinder schauen zu. Da fängt es an zu regnen.

»Der Regen kommt wie gerufen«, sagt der Vater. »Und jetzt musst du warten. Ein paar Tage wird es dauern, bis sich in deinem Beet etwas regt.« Er klopft noch in alle vier Ecken des Beetes einen Holzpflock und spannt einen Draht darum. Willi geht im ganzen Häuserblock von Tür zu Tür und sagt: »Ich habe ein Beet im Hof, in das habe ich meinen Geburtstagssamen hinein gesät. Jetzt werden Pflanzen daraus wachsen. Bitte tretet nicht darauf. Dafür dürft ihr euch später meine Pflanzen auch ansehen.« ...
Jeden Morgen läuft Willi hinunter auf den Hof und betrachtet das Beet. Am neunten Tag zeigen sich vier grüne Sprösslinge, am zehnten Tag kommen noch fünf dazu. »Das Wunder fängt an!«, ruft Willi der kleinen Mia zu ... Neun Pflanzen muss Willi behüten. Sie sind so verletzlich! Aber Willi kann schon schreiben. Er bastelt ein Schild und schreibt *Vorsicht!* darauf. Das Schild steckt er ins Beet ...
Die Pflanzen wachsen immer rascher. Sie überholen Willi, ja sogar den Vater!
»Jetzt verstehe ich, warum man diesen Samen nicht in einen Blumentopf säen kann«, sagt Willi. Die Kinder bestaunen die dicken Stängel mit den großen Blättern. »Das wird ja fast ein Wald«, sagt der große Klaus. Ganz oben an den Stängeln bilden sich Knospen. Alle Bewohner des Blocks warten gespannt. Und dann, an einem blauen Sommermorgen, öffnen sich zwei Knospen zu riesigen Blüten.
»Es sind Sonnenblumen!«, rufen sich die Leute von Fenster zu Fenster zu. »Auf unserem dunklen Hof Sonnenblumen!« ... Gerade an diesem Tag kommt der Hausbesitzer, um nach dem Rechten zu sehen. Willis Vater wird nervös. »Oh«, ruft der Hausbesitzer, »Sonnenblumen! Gute Idee, mitten auf dem Hof ein Beet anzulegen.« »Mein Junge hat diese Idee gehabt«, sagt der Vater ... Am Abend schreibt Willi mit großen schiefen Buchstaben an seine Urgroßmutter:
»ES SIND SONNENBLUMEN GEWORDEN. DANKE! ...«

Kreative Ideen

Für alle Sonntage

Herstellen eines KIGO-Tuches für die Kreismitte:

Materialien:
Eine weiße Tischdecke (80 x 80 cm) oder ein weißes Tuch, Stoffmalstifte in verschiedenen Farben, Karton als Unterlage
Ausführung: Das Tuch wird beschriftet. Das KIGO LOGO kann bereits vorab von den Mitarbeitenden in eine Tuchecke gemalt werden (nicht in die Mitte, da die Kerze meist in der Tuchmitte steht). Die Kinder schreiben ihre Namen auf das Tuch.

Erzählen mit Stabfiguren
Nach dem Eingangsritual (Gesang und Gebet) sitzen wir im Kreis auf Sitzkissen, in der Mitte liegt ein Tuch, darauf steht unsere KIGO-Kerze – die Kerze brennt. Die Jesus-

Stabfigur (mit weißem Gewand als Erkennungszeichen) ist bereits gebastelt. Die weiteren Figuren werden am 1. Sonntag hergestellt, damit dann jedes Kind eine Figur in den Händen hält. Diese werden immer dann, wenn sie genannt werden, hoch gehalten. Zuvor wird festgelegt, wer »alle« sind oder wer »die Jünger« und eine weitere Hauptperson spielt. Möglichst alle Kinder werden aktiv beteiligt.

Foto: Beate-Michaela Jöst

Skizze: Beate-Michaela Jöst

Herstellen der Stabfigur

Benötigte Materialien:
Schablone, Fotokarton in Hautfarbe, Wollreste, 40 cm lange Äste/Stöcke aus dem Garten (oder Holzstäbe mit 1,5–2 cm Durchmesser aus dem Bastelgeschäft) Stoffreste (pro Kleid 30 cm lang und 33–35 cm breit, damit man den Stoff gut übereinanderlegen kann) Kleber, Scheren, Buntstifte, Tacker

Anleitung: Schablone auf den Karton übertragen, ausschneiden, Gesicht malen und Haare kleben, den Namen des Kindes unten klein auf den Körper schreiben und diesen dann oben an den Aststock tackern, mit dem Stoff einhüllen und auch diesen festknoten oder tackern. Fertig! Die Stabfigur können auch kleinere Kinder herstellen.

Zum 16. Sonntag nach Trinitatis

Als Einstieg bieten sich Wassergeräusche an. Dies kann man als Erkennungsspiel aufbauen, entweder nimmt man selbst ein paar Geräusche aus dem Haushalt auf – oder man arbeitet mit dem »Wassergeräuschespiel« (Verlag an der Ruhr).
Danach wird die Geschichte zunächst mit der Jesusfigur und blauen Tüchern (Wasser) und Mülltüten (Sturm und Wind) erzählt.
Die Geräusche entstehen durch das Wedeln mit den Mülltüten, die blauen Tücher werden auch hin und her bewegt. Die Jesus–Stabfigur hält der Erzähler der Geschichte.

Zum 17. Sonntag nach Trinitatis

Vorbereitung des Raumes: Mit einem Seil oder einer Schnur (5 m) wird auf den Boden eine Spirale gelegt. Die KIGO-Kerze brennt in der Mitte.

Mit den Kindern führen wir ein Gespräch: Was macht mich/uns unruhig? Was macht mir/uns Angst? Auf kleine Zettel schreiben wir die Antworten der Kinder auf und legen sie auf den Weg der Spirale. Die Erzählung der biblischen Geschichte folgt mit den Stabfiguren. Jesus befreit von Angst und Unruhe, deshalb zünden wir zum Abschluss Teelichte in Gläsern an und stellen sie auch auf den Weg in der Spirale.

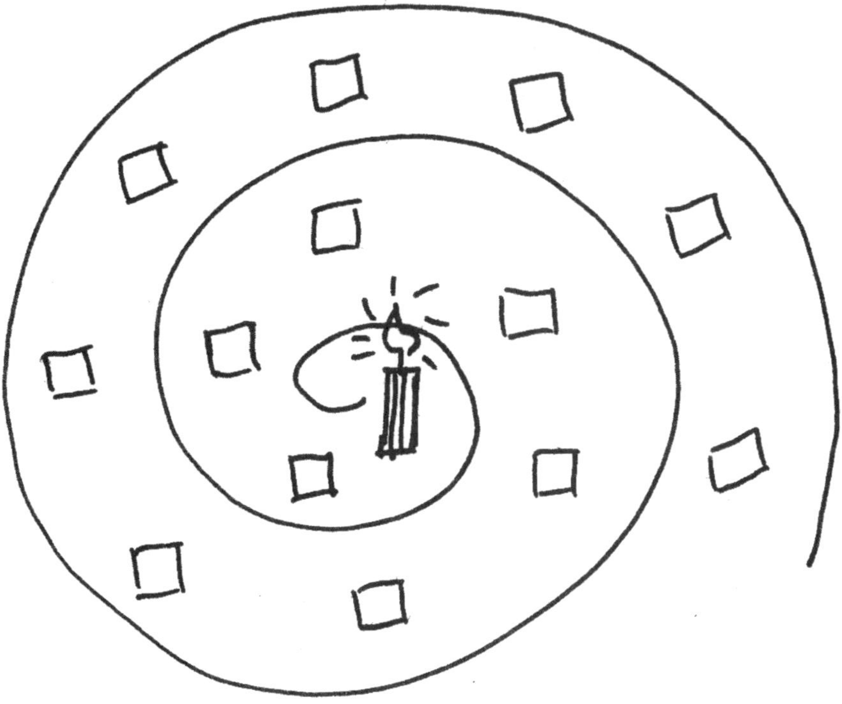

Zeichnung: Beate-Michaela Jöst

Zum 18. Sonntag nach Trinitatis

Wir stehen im Kreis um die KIGO-Kerze auf unserem KIGO-Tuch herum und singen dieses Mal zu Beginn: Gottes Liebe ist so wunderbar mit allen Bewegungen. Dann ersetzen wir die Worte mehr und mehr durch die Bewegungen, bis zum Schluss nur noch die Bewegungen gemacht werden und kein Wort mehr gesungen wird. Im Sitzkreis besprechen wir mit den Kindern deren Empfindungen. Danach folgt die biblische Erzählung mit den Stabfiguren.

Zum 19. Sonntag nach Trinitatis

Familienfrühstück und Erntedankfest:
Vorbereitung: Die Mitarbeitenden haben am Vortag bereits aus Hefeteig sieben kleine Fladenbrote und kleine Fische gebacken. Die Fische können mit Formen ausgestochen werden. Sie müssen aber vor dem Backen noch eine Stunde kühl stehen, damit sie im Backofen die Form behalten. Oder man formt Fische und schneidet die Schuppen mit einer Schere ein, auch diese Fische müssen noch eine Stunde in der Kühle ruhen, werden dann mit Eigelb bestrichen und ca. 20 Minuten (je nach Größe der Fische) gebacken. Auch Salzgebäck in Fischform kann den Kindern angeboten werden.
In der Kreismitte stehen auf unserem Tuch die KIGO-Kerze und zugedeckt in Körben das Gebackene. Nach dem Eingangsritual wird die Geschichte wiederum mit den Stabfiguren erzählt und das Gebäck bei der Erzählung an alle ausgeteilt. Den Abschluss der Geschichte bildet wiederum das Lied: Gottes Liebe ist so wunderbar.
Danach berichten die Kinder kurz den Eltern, was Jesus alles kann und was sie an den vergangenen drei Sonntagen alles erfahren haben. Hier wäre auch ein Einschub möglich, in dem die Eltern erzählen, was ihre Kinder denn so alles können und wie sie selbst sich freuen und dankbar sind. Das gemeinsame Frühstück an Tischen schafft weitere Gemeinschaft und alle werden satt.

Stichworte:
Liebe Gottes, Jesu Wundergeschichten, Befreiung, Rettung, Heilung

Beate-Michaela Jöst

Jesus stärkt die Kinder

13.10.2013
(20. Sonntag nach Trinitatis)
Jesus lässt die Kinder zu sich kommen
(Markus 10,13–16)

20.10.2013
(21. Sonntag nach Trinitatis)
Jesus stellt ein Kind in die Mitte
(Markus 9,33–37)

27.10.2013
(22. Sonntag nach Trinitatis)
Jesus nimmt sich eines Kindes an
(Markus 5,21–24a.35–43)

Hier sind Kinder wichtig: Jesus lässt sie zu sich kommen, ein Kind stellt er in den Mittelpunkt und ein anderes holt er ins Leben zurück. Kinder waren schon immer wichtig. Im Alten Testament galten sie als Zeichen von Segen und in der Großfamilie waren Kinder und Erwachsene aufeinander angewiesen. Das Neue Testament beginnt mit der Geburtsgeschichte eines Kindes: Gott kommt als kleines Kind zu den Menschen auf die Erde. Und als Erwachsener hat Jesus dann auch die Kinder besonders im Blick. Er eröffnet ihnen den Zugang zu Gottes Botschaft. Er nimmt sie sich zu Herzen. Er spricht ihnen Gottes Kraft zum Wachsen und Gedeihen zu. Er lässt an ihnen und durch sie Gottes Reich aufscheinen. Er zeigt ihnen den Weg zum Leben. Das galt für die Kinder von denen wir in der Bibel lesen und erzählen. Das gilt aber auch heute für jedes Kind!

Liturgische Gestaltung

Zusammenkommen – sich Gott zuwenden

Votum

Wir sind beieinander im Namen Gottes:
Im Namen des Vaters, der ein Freund der Kinder ist,
im Namen seines Sohnes, Jesus Christus, der als Kind zu uns auf die Welt kam,
und im Namen des Heiligen Geistes,
der uns als Gottes Kinder miteinander verbindet.
Amen.

Hören – Antworten

Psalmgebet mit gesprochenem Kehrvers aus Psalm 139

Alle: So, wie ich bin, komme ich zu dir.
Eine/r: Herr, mein Gott, es ist gut, dass du mich siehst.
Du siehst, wenn ich Angst habe,
du siehst, wenn ich unzufrieden und traurig über mich
selber bin, weil ich mich mit anderen vergleiche.
Alle: So, wie ich bin, komme ich zu dir.
Eine/r: Du, Gott, kennst meine Wünsche.
Ich träume davon, reich oder schön oder mächtig zu sein;
groß und stark will ich sein.
Die Menschen sollen mich bewundern und von mir reden.
Aber ich weiß ja, das sind nur Träume.
Alle: So, wie ich bin, komme ich zu dir.
Eine/r: Deine Hand hält mich fest unterwegs und zu Hause,
wo immer ich bin, Du hältst mich fest.
Ich bitte dich, mein Gott, hilf mir,
dass ich mich nicht beklage, weil ich nicht so begabt,
nicht so schön oder nicht so gesund bin wie andere.
Alle: So, wie ich bin, komme ich zu dir.
Eine/r: Gott, ich danke dir, dass du mich festhältst.
Ich danke dir für alles, was du gegeben hast.
Gott, du kennst meinen Weg.
Es ist gut, mein Gott, das zu wissen.
Alle: So, wie ich bin, komme ich zu Dir.

Aus: Sagt Gott, wie wunderbar er ist. Neue Psalmen für Gottesdienst und Andacht, hg. v. Gottfried Mohr und Andreas Weidle, 2. Auflage, © Verlag Junge Gmeinde, Leinfelden-Echterdingen 2006, S. 72.

Sendung – Segen

Schlussgebet:

Gott, Dein Sohn Jesus hat uns gezeigt, dass Kinder für Dich ganz besonders wichtig sind.
Wir müssen für Dich nicht besonders gut oder schön oder groß sein. Du liebst jede und jeden von uns. Zu Dir dürfen wir kommen so wie wir sind: fröhlich oder traurig, groß oder klein, voller Sorge oder voller Hoffnung, wenn wir uns leicht oder schwer fühlen, in Gemeinschaft oder alleine. Du bist für uns da.
Und so beten wir zu Dir wie auch Jesus gebetet hat: Vater unser ...

Kurzgeschichte

Die Handpuppengeschichte »Schöner, besser, größer!?« nimmt die Aussage des Bibeltextes aus Markus 9 auf und überträgt sie in eine Alltagsgeschichte der Kinder.

Sagt mal, was macht ihr eigentlich, wenn es regnet?

Vor ein paar Tagen hat es ganz doll geregnet, sodass wir nicht auf den Spielplatz gehen konnten. Dafür ist Linda mit ihrer Mutter gekommen. Linda und ich haben an diesem Nachmittag mit unseren Puppen gespielt. Meine Puppe heißt Mimi. Ich hatte ihr das schönste Kleid von allen angezogen, es ist schwarz-rot kariert und hat vorne einen Marienkäfer drauf. Das Kleid habe ich mir selbst ausgesucht. Ich bin nämlich mal mit Oma in der Stadt gewesen und da durfte ich mir im Spielzeugladen etwas aussuchen. Das war nicht einfach, es gibt ja so viele verschiedene schöne Puppenkleider, aber das hat mir besonders gefallen. Oma hat mir das Geld gegeben und ich durfte es alleine an der Kasse bezahlen. Das war aufregend. Ich habe Mimi also dieses Kleid angezogen und wisst ihr was? Die Linda hat sich darüber lustig gemacht. Ihre Puppe Constanze hatte ein rosa Kleid mit kleinen weißen Schleifchen und darunter ein weißes Hemdchen an. Linda meinte, ihre Puppe wäre viel schöner angezogen. Das war ganz gemein! Wir haben uns dann richtig gestritten. Mimi hat viel schönere Haare, Constanze kann richtig Pipi machen, dafür kann Mimi ihre Augen auf und zu machen. Constanze hat zwölf verschiedene Kleider, na ja und so weiter.
Ich bin dann zu Mama gelaufen und wollte, dass sie Linda sagt, dass meine Puppe die allerbeste von allen ist. Aber statt Linda mal so richtig die Meinung zu sagen, hat Mama mich gefragt, ob ich wisse, welche Puppe Jesus besser gefallen hätte. Was ist das denn für eine Frage?

Was meint ihr, welche Puppe Jesus besser gefallen hätte?

Linda und ich haben gar nichts gesagt, sondern nur große Augen gemacht. Die beiden Mamas sind wieder ins Wohnzimmer gegangen. Uns tat es leid, dass wir uns gestritten hatten und wir haben uns gegenseitig entschuldigt, danach haben wir einfach weitergespielt.
Später sind Linda und ihre Mama nach Hause gegangen. Es hatte inzwischen aufgehört zu regnen. Als Mama abends an meinem Bett saß und wir unser Gebet gesprochen hatten, wollte ich die Antwort auf die Frage hören: Welche Puppe hätte Jesus besser gefallen? Mama hat mir erzählt, dass die Freunde von Jesus sich auch darüber gestritten hätten, wer der Beste von ihnen wäre. Jesus hat ihnen gesagt, dass es niemanden gibt, der wichtiger oder schöner ist als der andere, aber dass wir uns damit schaden, wenn wir immer danach fragen, wer besser ist. Da war mir der Streit mit Linda vom Nachmittag richtig peinlich. Wenn wir nicht darum gestritten hätten, welche Puppe nun die Schönste ist, dann hätten wir einfach schön spielen können. So war es ein misslungener Spielnachmittag. Mama meinte dann noch, dass es viel schöner für mich wäre, wenn ich mich auch über das freue, was Linda hat und kann. Eigentlich fand ich Lindas

Puppe und ihre Kleider super schön, aber das mochte ich ihr nicht sagen. Ich glaub, das werde ich noch nachholen.
So, jetzt muss ich mich verabschieden. Bis bald!

Aus: Kerstin Klappstein: Du bist klasse! Kinder stark machen. Resilienzförderung im Kindergarten, Neukirchen-Vluyn 2007.

Kreative Ideen

Zum 20. Sonntag nach Trinitatis
»und er legte die Hände auf sie ...« (Markus 10, 16a)

Collage »Geborgen in Gottes Händen«
Jedes Kind kann sich selbst in das Bild hinein malen, oder ein Passfoto von sich einkleben. Dazu die Vorlage vergrößert kopieren.
Die Vorlage ist auf der Basis von »In Gottes Händen« entstanden, einem Bild des katholischen Pfarrers und Malers Sieger-Köder.

»... und segnete sie.« (Markus 10,16b)

Segen spüren
Wir können Gott nicht sehen und seinen Segen auch nicht. Aber wir können ihn ein wenig spüren. Er tut uns gut. Gott will uns mit seinem Segen nahe sein und uns umhüllen wie ein warmer Mantel oder ein angenehmer Duft.
Ein Kind darf sich in eine schützende Decke einhüllen und bekommt ein wenig Duftöl auf die Hand. Dazu bekommt es zugesprochen: »So wie dieser Duft will dich Gott hautnah begleiten. Er will dich mit seinem Segen umhüllen.« Dann ist das nächste Kind an der Reihe.

Material:
Decke und Duftöl

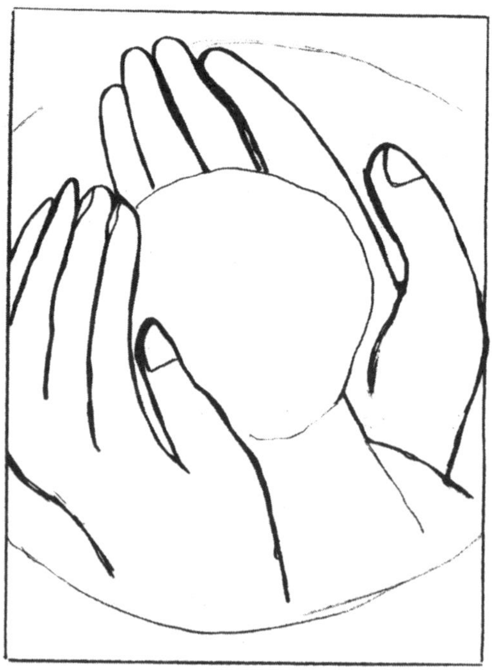

Zeichnung: Susanne Betz

Segenshaltungen ausprobieren

Wie war das wohl, als Jesus die Kinder gesegnet hat? Welche Körper- und Handhaltung hatte Jesus. Wie standen oder saßen die Kinder?

Mit Kindern lassen sich verschiedene Haltungen überlegen und ausprobieren. Welche Körperhaltung wird als passend empfunden, welche Hand- und Kopfhaltung?

Segensworte zusprechen:

»Segnen« bedeutet, jemand anderem etwas Gutes zusprechen. Wir brauchen gute Worte für unseren Alltag. Im Gottesdienst bekommen wir sie von Gott zugesprochen, Worte des Segens. Wir überlegen uns gute (Segens-)Worte, schreiben sie auf Kärtchen und verschenken sie.

Biblisches Tatoo

Nicht nur witzig, sondern auch cool finden es viele Kinder, das Motiv einer biblischen Geschichte als Tattoo auf dem Oberarm oder dem Handrücken mit sich zu tragen. Ein Tattoo erinnert noch eine ganze Weile an die Kindersegnung und bringt sie auch immer wieder ins Gespräch. Also eine gute Idee zur nachhaltigen Vertiefung. Zu beziehen beim

Gottesdienst-Institut der Evang.-Luth. Kirche in Bayern Sperberstraße 70, 90461 Nürnberg, Telefon: 0911 / 81002 - 312, E-Mail: gottesdienstinstitut@t-online.de

Zum 21. Sonntag nach Trinitatis
»Und er nahm ein Kind, stellte es mitten unter sie und herzte es ...« (Markus 9,36a)

Im Mittelpunkt

Zumindest einmal im Mittelpunkt sein – das wünschen sich viele Kinder. Jesus macht es in dieser Geschichte vor: Er stellt ein Kind in die Mitte. Wir folgen seinem Beispiel: In der Mitte eines Stuhlkreises ist eine goldene runde Fläche ausgelegt (Rettungsfolie). Ein Kind darf sich in diese Mitte stellen oder setzen. Dann wird es mit einem Reifen (Gymnastik- oder Hulla-Hupp-Reifen, möglichst auch golden) vom Kopf bis zu den Füßen umfasst. Dazu singen ihm alle zu: »Du bist spitze, du bist genial.«

Text und Musik: Uwe Lal
Aus: Du bist spitze 118, © Musik: ABAKUS Musik Barbara Fietz, Greifenstein

(nur Refrain! aus: Das Kirche mit Kindern Liederbuch, hg. vom Rheinischer Verband für Kindergottesdienst 2009, S. 44).

Dann darf das Kind wieder aus dem Reifen steigen und für das nächste Platz machen.

Zum 22. Sonntag nach Trinitatis »Mädchen, ich sage dir, stehe auf!« (Markus 5,21–24a.35–43)

Standbilder zur Geschichte

Wir hören zunächst die biblische Geschichte. Dann teilen wir sie in einzelne Szenen auf und überlegen, wie diese als Standbilder aussehen könnten. Wie sehen Mimik und Gestik der einzelnen Personen aus? Die Rollen werden verteilt und die Szene wird dargestellt. Auf ein besonderes Zeichen, z. B. dem Anschlagen einer Zimbel, gefriert die Szene ein. Erklingt das Zeichen erneut, lösen sich alle wieder aus ihren Rollen und tauschen sich darüber aus, wie es ihnen im Standbild ging. Dann kann die nächste Szene bedacht und ausprobiert werden. Die einzelnen Standbilder können auch fotografiert und zu einer Bildergeschichte zusammengestellt werden.

Kleines Triptychon

Eine Bastelidee für alle drei Geschichten wäre ein kleines Triptychon aus Bildern, die Jesu Haltung zu Kindern deutlich macht. Die Vorlage kann ausgemalt und weiter gestaltet werden, z. B. indem jedes Kind sein Gesicht an entsprechender Stelle einfügt.

Zeichnung: Urd Rust

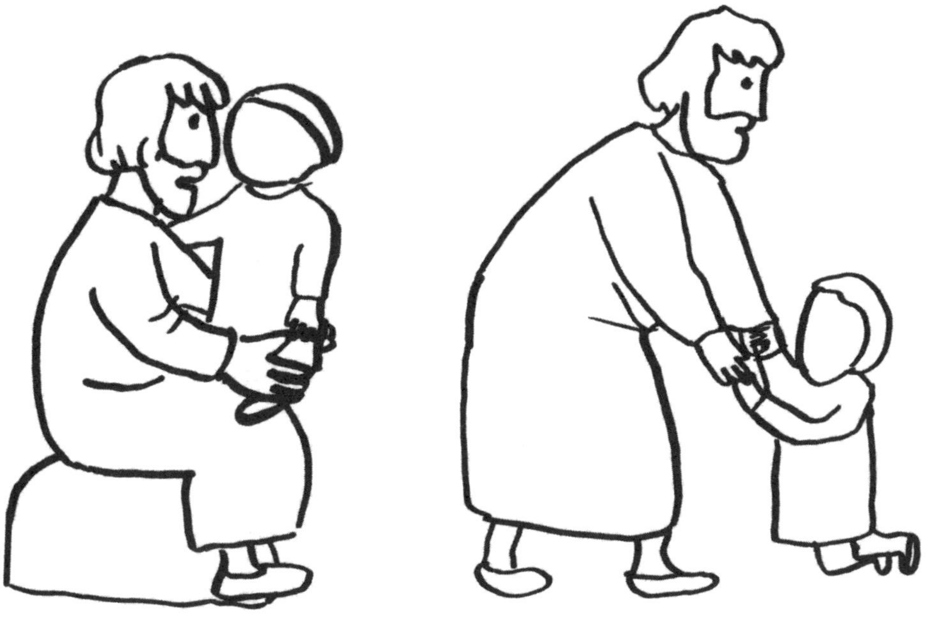

Zeichnungen: Urd Rust

Stichworte:
Kinderevangelium, Jesus, Kinder, Segen, Wertschätzung, Hände, Mittelpunkt, neues Leben

Susanne Betz

Schenk uns Zeit aus Deiner Ewigkeit – Texte der Weisheit vom Werden und Vergehen

31.10./03.11.2013
(23. Sonntag nach Trinitatis/Reformationstag)
Du schenkst uns Zeit zum Feiern:
Feste im Kirchenjahr

10.11.2013
(Drittletzter Sonntag im Kirchenjahr)
Du schenkst uns den Augenblick:
Alles hat seine Zeit
(Prediger 3,1–14)

17.11.2013
(Vorletzter Sonntag im Kirchenjahr)
Du schenkst uns Zeit zum Leben:
Alles hat einen Anfang und ein Ende
(Psalm 90,1–6.12)

24.11.2013
(Ewigkeitssonntag/Letzter Sonntag im Kirchenjahr)
Du schenkst uns deine Ewigkeit: Alles wird neu
(1 Thessalonicher 4,13–14)

Erfüllte Zeit – Zeit von Gott

Alle kennen und gebrauchen den Satz »Ich habe keine Zeit.« Merkwürdig: Für jede/n hat der Tag 24 Stunden. Wieso sollte also einer »Zeit haben« und der andere nicht? Beide haben doch gleich viel. Ehrlicher wäre wohl: »Damit befasse ich mich in dieser Zeit nicht.«, oder einfacher: »Das will ich (jetzt) nicht.« Zeit ist kein Besitz, sondern das Angebot zu leben, Gottes Geschenk. Wir können Zeit zu einer erfüllten Zeit machen. Und das meint nicht, jede Sekunde mit Aktivität voll zu stopfen. Auch mit Nichtstun, Langeweile und Ruhe kann Zeit erfüllt, schön, wohltuend erlebt werden. Unsere Gottesdienste können erfüllte Zeit erlebbar machen, gerade weil sie verlangsamen. In den Wochen vor dem Advent kann diese Reihe Kindern stärken, damit sie sich der dann allseits aufkommenden Hektik ein wenig widersetzen können.

Liturgische Gestaltung

Themalied als Gebet: Schenk uns Zeit
(KiKiHits 44)

Das Lied ist mit Bewegungen zu gestalten. Dabei ist es wichtig, dass die einzelnen Bewegungen parallel zum Text harmonisch ineinander übergehen. So wird es zu einem bewegten Gebet, das auch die Jüngsten sehr schnell nachvollziehen können.

Schenk uns Zeit	*rechten Arm mit offener Handfläche nach vorn (empfangend)*
Schenk uns Zeit	*linker Arm ebenso*
Zeit aus Deiner Ewigkeit	*beide Arme nach oben öffnend*
Zeit zum Nehmen	*beide Hände nehmend vor die Brust führen*
Zeit zum Geben	*beide Hände austeilend nach vorn führen*
Zeit zu miteinander Leben	*nach rechts und links Hände reichen*
Zeit zum Trinken	*eine Hand wie Trinkschale zum Mund führen*
Zeit zum Essen	*eine Hand wie mit Brot zum Mund führen*
Zeit um keinen zu vergessen	*mit beiden Händen nach rechts und links weisen, dabei viele andere ansehen*
Zeit zum Danken für das Brot	*beide Hände wie eine Brotschale nach vorn halten*
Zeit zum Beten, guter Gott	*Hände falten*

Sendung – Segen

Segenszuspruch

Wenn du aufstehst, soll Gottes Kraft mit dir sein.
Wenn du anderen begegnest, soll Gottes Freundlichkeit aus dir leuchten.
Wenn du traurig bist, soll Gottes Trost dein Herz erreichen.
Wenn du glücklich bist, soll Gottes Lachen in dir klingen.
Wenn du schläfst, soll Gottes Schutz dich bedecken.
So gehst du mit Gottes Segen in diese neue Woche.
Amen.

Kurzgeschichten

*Drei kleine Impulsgeschichten zum Thema **Zeit** können als Gesprächsimpulse dienen.*

Eine kleine Geschichte zum Umgang mit dem Augenblick

Von einem Mönch wird landauf, landab mit Hochachtung berichtet. Es sei so gut, ihm zu begegnen, mit ihm zu reden. Mit ihm könne man wirklich wieder zu Ruhe und Frieden im Leben finden. Drei junge Mönche kommen zu diesem Mann. Sie möchten so werden wie er. Der Mönch nimmt sie auf und sagt: »Ich kann euch nichts erklären, lebt einfach mit mir und seht und tut, wie ich tue.« So leben sie viele Wochen und Monate mit ihm zusammen. Sie tun alles so, wie er es tut. Sie sind ganz eifrig und voll guten Willens. Und doch: Keiner der Hilfesuchenden erlebt die Begegnungen mit ihnen als wirkliche Hilfe. Da sind die jungen Männer traurig und sagen zu ihrem Lehrer: »Wir tun alles so, wie du es tust. Aber trotzdem sind wir nicht so hilfreich wie du. Es funktioniert nicht. Irgendetwas hast du uns nicht verraten. Was tust du Besonderes?«
Der alte Mann schaut sie an und sagt: »Wenn ich stehe, stehe ich. Wenn ich gehe, gehe ich. Wenn ich esse, esse ich und wenn ich singe, singe ich.«
»Aber das tun wir doch auch!«, rufen die jungen Männer. »Was tust du mehr, was wir nicht sehen und du nicht verrätst?«
»Nein«, erwidert der alte Mann, »Ihr tut es nicht. Ihr – wenn ihr steht, dann geht ihr schon. Und wenn ihr geht, dann esst ihr schon, und wenn ihr esst, dann singt ihr schon.«

Quelle unbekannt, aus der Erinnerung nacherzählt von Brigitte Messerschmidt

Tik tak

»Alles geht nach der Uhr«, sagt Frau Ureburegurli. »Um ein Uhr haben die Kinder gegessen, bis zwei Uhr arbeiten sie an den Schulaufgaben, bis fünf Uhr dürfen sie spielen, um halb sechs essen sie Abendbrot, danach lernt die Großmutter noch mit den Kindern, und von abends sieben bis morgens sieben schlafen sie. Um acht Uhr gehen sie zur Schule und um zwölf Uhr dreißig sind sie wieder zu Haus.« »Ich bin gespannt«, sagt Frau Lustibustigiero, die Nachbarin, »wie lange es dauert, bis Ihre Kinder nur noch tik tak sagen.«

Irmela Wendt, aus: Das Menschenhaus, Düsseldorf 1972, © bei der Autorin.

Zeit gewinnen oder verlieren

Manche wunderbare Einsicht zum Thema dieser Reihe vermittelt Antoine de Saint-Exupéry in »Der Kleine Prinz«. Hier weise ich besonders hin auf Kapitel XXIII:

»Guten Tag«, sagte der Kleine Prinz. »Guten Tag«, sagte der Händler.
Er handelte mit höchst wirksamen, durststillenden Pillen. Man schluckt jede Woche eine und spürt überhaupt kein Bedürfnis mehr, zu trinken.

»Warum verkaufst du das?«, sagte der kleine Prinz.
»Das ist eine große Zeitersparnis«, sagte der Händler. »Die Sachverständigen haben Berechnungen angestellt. Man erspart dreiundfünfzig Minuten in der Woche.«
»Und was macht man mit diesen dreiundfünfzig Minuten?«
»Man macht damit, was man will ...«
»Wenn ich dreiundfünfzig Minuten übrig hätte«, sagte der kleine Prinz, »würde ich ganz gemächlich zu einem Brunnen laufen ...«

Kreative Ideen

23. Sonntag nach Trinitatis/Reformationstag

Das Kirchenjahr und seine Feste
Der Unterschied von Kirchenjahr und Kalenderjahr wird beschrieben und mit einer großen vorbereiteten Kirchenjahresuhr mit den liturgischen Farben sichtbar gemacht. Das Kirchenjahr beginnt immer wieder. Diese Uhr gilt also dauernd, und ist nicht wie ein Jahreskalender, der dann weggeworfen wird. Die großen Feste werden mit Symbolen eingefügt: Advent – Weihnachten – Passion – Ostern – Himmelfahrt – Pfingsten – Trinitatis. Ziel: Diese Feste leiten uns durch das Leben Jesu und seine Bedeutung für uns. Ein großer Teil der Uhr ist dann ohne Feste: Die Zeit für unsere Antworten auf das, was Jesus uns gebracht hat.
Die Kinder können eine Kopie der Uhr mit den Farben und Symbolen ausmalen und in die festlose Zeit Ereignisse aus der Gemeinde eintragen, die dort hineingehören können. Zum Kirchenjahr, der Zuordnung der Farben, zu möglichen Symbolen finden Sie Infos im Gesangbuch, in diversen Arbeitshilfen, im Internet (Suchwort: Kirchenjahresuhr) z. B.: http://www.evlka.de/extern/hannover/kirchenkontakte/projekte/kirchenjahr/kjuhr.htm.

Entdeckungen im Kirchenraum
In vielen Kirchen lassen sich ganzjährig Hinweise auf die Feste des Kirchenjahres finden. Es lohnt sich diese mit den Kindern zu suchen. Eventuell finden sie Zeichen, die ungewollt da sind (ein vergessener Weihnachtsstern ...), oder sie deuten Vorhandenes ein wenig um (die Nische unter der Emporentreppe ist wie das Grab von Ostern ...). Das kann man ruhig so stehen lassen als Aussage: Das erinnert mich an ...

Kanzel- und Altarbehänge
Sie leiten mit ihrer Farbgebung und Symbolik durchs Kirchenjahr. Lassen Sie sich vom Küster alle vorhandenen Teile geben und betrachten und bedenken Sie diese mit den Kindern. Die Wertschätzung für manchmal sehr alte Traditionen wird dabei gestärkt und das Verständnis für die Symbolsprache auch in anderen Kirchen angeregt.

Für den Kindergottesdienst-Raum liturgische Tücher gestalten

Sie feiern im Kreis um einen kleinen Tisch herum? Nehmen Sie Baumwolltücher in den liturgischen Farben (Violett, Rot, Weiß, Grün), die Sie als Tischdecke je nach Kirchenjahreszeit längerfristig nutzen werden. Symbole entsprechend so darauf vorzeichnen, dass sie später auch sichtbar bleiben. Mit Stoffmalfarben malen Kinder die Symbole aus. Diese Farben werden in der Regel durch Einbügeln fixiert. Achtung: Prüfen Sie vorab, ob Ihre Farben genügend Deckkraft haben und das Fixieren mit dem gewählten Stoff funktioniert!

Alternative Form: Statt einer Decke bereiten Sie zwei lange Bänder vor, die aus jeweils zwei Farben zusammengesetzt sind. Die Bänder sind so lang, dass sie – über Kreuz auf den Tisch gelegt – an jeder Seite bis kurz über den Boden hinabhängen. Auf diesen hinabhängenden Teil wird nun je ein passendes Symbol vorgezeichnet und wie oben ausgemalt. Wenn diese Bänder über Kreuz auf dem Tisch liegen, ist das ganze Kirchenjahr präsent und das Kreuz im Zentrum.

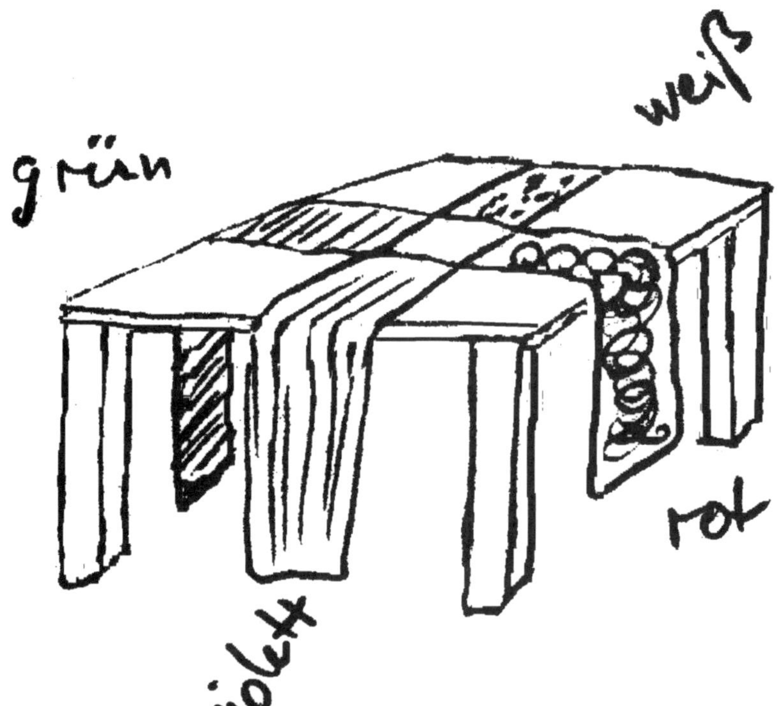

Zeichnung: Brigitte Messerschmidt

Zum drittletzten Sonntag im Kirchenjahr

Es ist gut, wenn ich wirklich mal bei der einen Sache, dem einen Ereignis bleibe, das jetzt dran ist und ich nicht schon zugleich tausend andere Sachen im Sinn habe. So erkenne ich mehr, höre ich genauer ...

Zeit zum Schauen

Ohne etwas zu sagen, zu kommentieren oder zu beschreiben, sehen sich alle von ihrem jeweiligen Platz im Raum um. Dann bekommt jedes Kind eine Pappröhre (das Innere von Geschenkpapierrollen, Küchenrollen o. Ä.). Nun schauen sie mit einem Auge durch die Röhre. Das andere Auge bitte schließen oder mit der Hand zuhalten! Erst jedes Kind für sich schauen und entdecken lassen, dann Austausch. Ziel: Man sieht nur noch Ausschnitte, diese aber umso genauer. Man sieht manches ganz anders und neu.

Zeit zum Hören

Alle Kinder legen sich mit geschlossenen Augen und schweigend auf den Boden oder auf die Kirchenbänke, so dass sie sich nicht gegenseitig berühren oder stören. Sie werden aufgefordert, genau zu horchen. Besonders in einer scheinbar stillen Umgebung werden sie ganz viele Klänge wahrnehmen. Nach einer Weile setzen sich die Kinder auf und erzählen einander, was sie gehört haben. Ziel: Manche Geräusche werden vielleicht unterschiedlich gedeutet. Das kann so stehen bleiben. Geräusche wirken intensiver, wenn man bewusst hört.

Zeit zum Schmecken

»Ich habe hier was für euch.« – Wie nebenbei und unbedeutend kann jedes Kind sich ein kleines Stück Schokolade vom Teller nehmen. Erfahrungsgemäß werden sie die Mini-Stückchen gleich in den Mund stecken und weg sind sie. Wenn nun gefragt wird: Wie schmeckt das denn?, ist der Geschmack schon fast vergessen, höchstens »süß« oder »lecker«. Nun wird aufgefordert, das nächste ebenso kleine Stückchen Schokolade so lange wie möglich im Mund zu behalten und dabei mit der Zunge in alle Ecken des Mundes zu schieben. Zugleich sollen die Kinder mal genau darauf achten, wie denn die Schokolade schmeckt. Ist das anders? Ändert sich etwas? Wie fühlt sich das Stückchen im Mund an? Usw. Erzählt wird all das aber erst, wenn die Schokolade aus dem Mund verschwunden ist. Ziel: Schokolade wird viel interessanter, wenn sie lange im Mund bleibt. Gefühl und Geschmack verändern sich, weil ich mir Zeit dafür nehme.

Zum Vorletzten Sonntag im Kirchenjahr

Bilder von Menschen in verschiedenem Alter (Neugeborenes, Kleinkind, Kita-Kind, Schulkind mit Schultasche, Teenie, Konfirmand/in, Lehrling, Erwachsene im Beruf, in Freizeit, in Familie, Hochzeit, Ältere und Alte, ein Gestorbener.
Kinder wählen jeweils ein Bild aus und sagen, was ihnen dazu einfällt. Dann sortieren sie die Bilder nach Alter der Person auf dem Bild. Es folgt ein Gespräch über all das Schöne in einem Leben, aber auch über das Ende. – Wie gut ist es, wenn wir an einen Menschen denken, der gestorben ist, und dann fallen uns so viele interessante und schöne Sachen aus seinem Leben ein. Und Gott sagt: »Ich gebe jedem Leben den An-

fang und das Ende. Und jedes Leben ist mir unendlich wertvoll. Darum soll es auch euch ganz wertvoll sein.«

Zum Ewigkeitssonntag

Die Bilderkette durch ein ganzes Leben (siehe: »Vorletzter Sonntag im Kirchenjahr«) liegt wieder aus, sie reicht bis an eine große helle Plakatfläche oder runde Decke. Menschen fragen: Und dann? Was kommt dann, wenn ein Mensch gestorben ist? Meine Antwort ist: »Dafür habe ich keine Beschreibungen oder Erklärungen. Aber ich habe einen Satz: »Ich glaube, dass Gott auch dann bei mir ist.« Hier muss Raum sein, dass Kinder sagen, was ihnen gerade dazu einfällt. Allmählich lenke ich das Gespräch zu dem Gedanken: Weil Gott mehr ist, als ich denken kann, kann ich nicht sagen, *wie* das dann sein wird. Denn es ist ganz bei Gott. Das muss mir genügen. Und es gibt mir ein gutes Gefühl.« Mit einem kleinen Tuch ihrer Wahl markieren Kinder auf der weißen Fläche einen Platz, auf dem sie mit Legematerialien etwas von ihren Gedanken und Gefühlen hinlegen. Die entstandenen Bildmotive werden nicht erklärt oder gedeutet, es sei denn, dass ein Kind dies ausdrücklich selbst zum eigenen Bild tun will. Nach und nach wird zu jedem gelegten Bild ein Licht angezündet, so dass jedes Bild von allen im Licht angesehen wird. Nach immer 3–5 Lichtern wird gesungen: (Refrain von: Ulrich Gohl, »Der Herr segne dich und behüte dich« mit leicht verändertem Text): »Amen, Amen, Amen. Du bist nicht allein. Amen, Amen, Amen. Gott wird mit dir sein.« (Original u. a. in: Kinder-Kirchen-Hits, Verlag Junge Gemeinde).

Stichworte:
Zeit, Leben und Tod, Augenblick, Kirchenjahr, Paramente, Verlangsamung

Brigitte Messerschmidt

Auf dem Weg nach Bethlehem

01.12.2013
(1. Advent)
Maria und Josef
(Lukas 2,1–6)

08.12.2013
(2. Advent)
Die Weisen machen sich auf den Weg
(Matthäus 2,1–9a)

15.12.2013
(3. Advent)
Hirten auf dem Feld
(Lukas 2,8)

22.12.2013
(4. Advent)
Die Engel
(Lukas 2,8–14)

24./25./26.12.2013
(Heiliger Abend/Weihnachten)
Alle kommen zur Krippe
(Lukas 2,15–19 + Matthäus 2,9–11)

29.12.2013
(1. Sonntag nach Weihnachten)
Flucht und Heimkehr
(Matthäus 2,12–15.19–21)

Die Weihnachtsgeschichte ist eine Geschichte voller Bewegung, eine Geschichte des Aufbruchs. Damit die Geburt des Kindes in der Krippe im Stall gefeiert werden kann, müssen sich die hochschwangere Maria und ihr Mann Josef von Nazareth aus auf den Weg nach Bethlehem machen. Die Weisen aus dem Morgenland sehen den Stern, folgen ihm und finden den Weg zur Krippe. Die Engel müssen sich vom Himmel auf die Erde machen, um den Hirten die gute Nachricht zu überbringen und den Menschen den Frieden Gottes zu verkünden. Die Hirten werden mitten aus ihrem Alltag von den Engeln zur Krippe geschickt.
Die Kinder begleiten die Menschen und himmlischen Gestalten der Weihnachtsgeschichte auf ihrem Weg nach Bethlehem, setzen sich mit ihnen auseinander, gehen den Weg mit und kommen selbst beim Kind in der Krippe an.
Die Reihe ist für einen wöchentlichen Kindergottesdienst konzipiert, kann aber auch in einer monatlich stattfindenden Kinderkirche mit einem Zeitrahmen von 2–3 Stunden durchgeführt werden.

Liturgische Gestaltung

Hören – Antworten

Als Antwort auf die gehörte Geschichte wird an den vier Advent-Sonntagen das Lied: »Nun wollen wir ein Licht anzünden« gesungen. Es nimmt uns Menschen von heute mit auf den Weg nach Bethlehem. Um den Kindern das Gefühl zu vermitteln, dass auch sie auf dem Weg nach Bethlehem, auf dem Weg nach Weihnachten sind, schlage ich als wiederkehrende Aktion für die Advent-Sonntage vor: Beim Singen der ersten Strophe eine Kerze am Adventskranz anzuzünden und der Kerze folgend eine **Prozession** durch die Kirche/den Kindergottesdienstraum zu machen. Dabei werden die Strophen zwei bis fünf gesungen. Wenn alle wieder an ihrem Platz angekommen sind, wird gemeinsam die sechste Strophe gesungen.

Lied:
Nun wollen wir ein Licht anzünden

2. Der Weg, der geht durch enge Gassen,
wo einer einsam und verlassen –
der Weg nach Bethlehem.

3. Der Weg geht über viele Stufen,
wo einer ist, der uns gerufen –
der Weg nach Bethlehem.

4. Der Weg geht, wo der Stern will funkeln,
für alle, die da sind im Dunkeln –
der Weg nach Bethlehem.

5. Der Weg, der geht durch niedre Türen,
er will zur Krippe uns hinführen –
der Weg nach Bethlehem.

6. Und leuchten aber hundert Kerzen –
der Weg, der geht durch unsre Herzen,
der Weg nach Bethlehem.

Text: Rudolf Otto Wiemer, nach Kyrie der VIII. Messe, Melodie: Wolfgang Stockmeier

Kurzgeschichte

Die Geschichte von Willi Fährmann kann abschließend als Rückblick auf die gesamte Reihe am 1. Sonntag nach dem Christfest vorgelesen werden.

Es stand ein Stern in Bethlehem

Sie saßen beisammen, die sieben, da draußen im weiten Feld,
und erzählten sich, was geschrieben von Christus, dem Herren der Welt.
Es dachten die Frommen, er müsste bald kommen,
die Welt zu erlösen vom Banne des Bösen.
Mit einmal am Himmel ein Glänzen, aufstrahlte ein herrliches Licht,
geschmücket mit Blüten und Kränzen, die Hirten, die fassten es nicht.
Sie drängten voll Schrecken in Schatten und Ecken.
Auch Hunde und Schafe riss es aus dem Schlafe.
Das Licht wuchs zu himmlischen Scharen, die sprachen: Fürchtet euch nicht!
Ihr sollt es als erste erfahren, wir bringen nicht Tod und Gericht.
Ihr seid nicht verloren, der Herr ist geboren.
Und Frieden für alle vom Heiland im Stalle.

Nicht länger mehr hielt es die Hirten beim Feuer, bei Herden und Hund.
Sie wollten das Kindlein bewirten, und machten sich auf zu der Stund.
Voll Freude sie sangen, die Flöten erklangen.
Sie brachten die Gaben, das Kindlein zu laben.
Sie folgten dem Weg bis zum Stalle und sahen den Esel, das Rind.
Da lachten und freuten sich alle, sie fanden die Krippe, das Kind.
Es wussten die Frommen, der Herr ist gekommen.
Sie knieten sich nieder und gingen dann wieder.
Von ferne in Wüsten und Weiten drei Könige sahen den Stern.
Sie wollten nach Bethlehem reiten, zu suchen den Heiland und Herrn.
Den König der Juden. Und Schätze sie luden
auf Rösser und Rücken, das Kind zu beglücken.

Auf Pferden und Dromedaren sie kamen vom Morgenland,
mit Trägern und Dienern in Scharen, ganz vorn ging ein Elefant.
Der kannte die Wege, die Pfade und Stege,
am Rüssel die Schelle, die läutete helle.
Sie fragten Herodes, den König, vor Schreck stockte diesem das Blut.
Er wusste von Christus nur wenig, und das verbarg er sehr gut.
Sie sollten ihn finden, und es dann verkünden,
die Wege ihm weisen, auch er wollt es preisen.
Der Stern ist bald wieder erschienen, er lief seine Bahn durch die Nacht.
Bis Bethlehem leuchtet er ihnen, hat Licht ihren Wegen gebracht.
Dann stand der Stern stille. Es war Gottes Wille.

So kamen drei Weise zum Ziel ihrer Reise.

Es staunten die Männer und sagten: »Wir finden Palast nicht und Schloss.
Der König, nach welchem wir fragten, liegt klein in Mariens Schoß.«
Er zeigt sein Erbarmen den Reichen und Armen.
Und Freude soll werden und wachsen auf Erden.

Ganz heimlich die Könige zogen am Haus des Herodes vorbei.
Sie ahnten, dass er sie belogen, ein Todfeind dem Kinde er sei.
Weil er es wollt haben, er tötet die Knaben.
In Bethlehems Mauern ein Jammern und Trauern.

Auch Josef erfuhr es im Traume, er weckte die Mutter, das Kind.
Er führte den Esel am Zaume durch Kälte und Wetter und Wind.
Der Himmel war dunkel. Kein Sternengefunkel.
Es wurde ihm bange, die Nacht währt so lange.
Sie wanderten Tage um Tage, zu Ende ging ihnen das Brot.
Der Durst war die größere Plage, das Elend wuchs und die Not.
Sie hofften und bauten auf den, dem sie trauten.
Der hörte die Bitte und lenkt ihre Schritte.

Sie klopften an Häuser und Hütten, verschlossen, verriegelt, versperrt.
So sehr sie auch baten und litten, der Eintritt wurd ihnen verwehrt.
Hart waren die Leute, wie damals, so heute.
Denn wenn sie uns fragten, was wir dann wohl sagten?
Nach schrecklichen Plagen und Mühen gelangten sie endlich zum Ziel.
Sie sahen das Morgenrot glühen fern über den Wassern des Nil.
Grün sprossen die Wiesen, sie lobten und priesen
den, der sie begleitet und sicher geleitet.

Die Monde, die Jahre verflossen, dann durften zurück sie nach Haus.
Die Heimat ist nicht mehr verschlossen, mit König Herodes war's aus.
Den Esel sie rufen, der scharrt mit den Hufen.
Sie heben die Hände, all Not hat ein Ende.

Willi Fährmann

Die Krippe in der Kugel

In der Regel kennen die Kinder nur Krippen, die schon mit den entsprechenden Figuren geschmückt sind. Diese Figuren können sie richtig benennen, wissen aber oft nicht ganz genau, welche Geschichte sich mit ihnen verbindet. Die Geschichten der Reihe stellen die wichtigen Menschen und himmlischen Gestalten auf ihrem Weg nach Bethlehem vor. Im Anschluss an die jeweilige Erzählung basteln die Kinder an den vier Advent-Sonntagen an einer »Krippe in der Kugel«, die sich von Woche zu Woche vor ihren Augen mit den Personen der Weihnachtsgeschichte füllt. Sie setzen die Weihnachtsgeschichte selbst in Szene und verbinden die Geschichten mit den Personen.

1. Advent

Jedes Kind erhält *eine teilbare Acrylkugel* (Durchmesser: 12 cm) und eine halbe Styroporkugel (Durchmesser: 10/11 cm) und einen fotokopierten Papierbogen mit den Krippenfiguren und Engeln. (Die kopierten Figuren dürfen nicht höher als 5 cm sein.) Um die Standfestigkeit der Figuren zu erhöhen, sollte das Papier fester sein als normales Kopierpapier. Die eine Hälfte der Acrylkugel wird innen von Mitarbeitenden silberfarbig angesprüht. Die dafür notwendige Farbspraydose gibt es in jedem Baumarkt. Mit einem Pinsel wird die halbe Styroporkugel mit brauner Abtönfarbe angestrichen. Auf dem Papierbogen werden Maria, Josef und die Krippe mit Faserstiften ausgemalt und anschließend sorgfältig ausgeschnitten. Auf jede Figur wird hinten ein Zahnstocher geklebt, mit dem die Figur in die gerade Seite der Styroporkugel gesteckt werden kann. Die Figuren werden auf der Halbkugel angeordnet.

2. Advent

Die Kinder malen auf dem Papierbogen die Weisen und das Kamel aus und schneiden sie aus. Jedes Kind erhält einen selbstklebenden Glitzerstern (zur Weihnachtszeit im Schreibwarengeschäft erhältlich) und klebt ihn innen in die silberne Hälfte der Acrylkugel hinein. Auf die anderen Figuren werden hinten wieder Zahnstocher geklebt. Die Figuren werden auf der Halbkugel angeordnet.

3. Advent

Die Kinder malen auf dem Papierbogen die Hirten und die Schafe aus und schneiden sie aus. Die Figuren werden hinten wieder mit Zahnstochern versehen. Die Figuren werden auf der Halbkugel angeordnet.

4. Advent

Die Kinder schneiden die Engel aus dem Papierbogen aus und kleben sie innen links und rechts neben den Stern in die silberne Hälfte der Acrylkugel.
Die halbe Styroporkugel mit den darauf angeordneten Figuren wird unten waagerecht in die silberne Hälfte der Acrylkugel geklebt. Dann wird die Acrylkugel mit der durchsichtigen Hälfte verschlossen. Durch die Öse, die sich oben an der Kugel befindet, wird ein Stück Drachenschnur gezogen und verknotet, um die Kugelkrippe in den Christbaum hängen zu können.

Fotos: Anke Schaefer

Kopiervorlage der Krippenfiguren

Kopiervorlage Engel
(Skizze: Anke Schäfer)

Stichworte:
Advent, Weihnachten, Prozession, Krippe in der Kugel, Acrylkugel

Anke Schäfer

Register

I. Bearbeitete Bibelstellen

II. Lieder

III. Thematische Stichworte

IV. Liturgische Texte/Aktionen

Zusammenkommen – sich Gott zuwenden

Hören und antworten

Feiern-Teilen

Sendung – Segen

Symbole

 Basteln

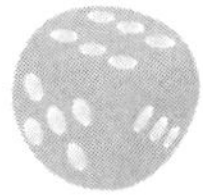 Spielen

 Essen

 Theater

 Bibel

 Theologisierendes Gespräch

 Malen

 Gestalten mit Gegenständen

 Musik

 Miteinander – aneinander